吉他琴的呜咽

北京上河卓远文化传播有限公司　出品

吉他琴的呜咽

西语文学地图

张伟劼 著

河南大学出版社
HENAN UNIVERSITY PRESS

图书在版编目（CIP）数据

吉他琴的呜咽/张伟劼著.—郑州：河南大学出版社，2015.9
ISBN 978-7-5649-2179-8

Ⅰ.①吉… Ⅱ.①张… Ⅲ.①文学评论-西方国家-文集 ②文化-评论-西方国家-文集 Ⅳ.①I106-53 ②G11-53

中国版本图书馆 CIP 数据核字（2015）第 236287 号

吉他琴的呜咽：西语文学地图

著　　者	张伟劼
责任编辑	谭　笑
封面设计	周伟伟

出　　版　河南大学出版社
地址：郑州市郑东新区商务外环中华大厦2401号　邮编：450046
电话：0371-86059701（营销部）　网址：www.hupress.com
制　　作　北京大观世纪文化传媒有限公司
印　　刷　郑州瑞光印务有限公司
版　　次　2016年6月第1版　　　　　印　次　2016年6月第1次印刷
开　　本　889mm×1194mm　1/32　　印　张　6
字　　数　106千字　　　　　　　　　定　价　32.00元

版权所有，侵权必究

（本书如有印装质量问题，请与河南大学出版社营销部联系调换）

目录

二胡独奏:《吉他琴的呜咽》/ 陈众议　　I

西班牙文学经典系列

一个国家的悲剧　　3

西班牙的孤寂时分　　13

走不出中世纪　　23

吉他琴的呜咽　　30

大众凶猛　　40

"这不是女人,这是一幅画"　　48

拉美文学经典系列

没有韵脚的美洲民族史诗　　57

性、权力与现代化	65
亦幻亦真家国史	73
迷失墨京	81
《百年孤独》：一部革命小说	88
人心是一条幽暗的隧道	95
诗人与邮递员	103
最后的高乔人	110
墨西哥面具的秘密	117
独裁者的阴影	124
玉米民族的神话与现实	131
一个濒死者的梦幻之旅	139
星空下，最哀伤的情诗	146
马蒂的"美洲梦"	153
南美山林间的堂吉诃德	161
蒙得维的亚爱情故事	169
被马尔克斯扒去衣服的玻利瓦尔	176

二胡独奏:《吉他琴的呜咽》

陈众议

张伟劼不追新、不从众,他在《吉他琴的呜咽》中以独特的方式上演了一个人的双簧。如果硬要将他与题名中的吉他联系在一起,那么我宁可称其为二胡独奏家。

论年龄,伟劼是晚辈。然而,令我吃惊的是,他竟毫无一般年轻人的生涩与偏激。从这个意义上说,我看到了一个成熟的青年才俊。

是的,他身上没有当下文学评论泛滥的"新意"。这"新意"当然是加引号的,盖因其实它们并不新:舶来品而已。可不?一眼望去,不是叙事学、符号学、后女性、后殖民,便是身份、身体、创伤、空间等等。它们波浪式翻滚,遮蔽了文学本身如盐入水、化于无形的魅力。

具体说来,伟劼的一个鲜明的特点是比照,而非比附。在《西班牙的孤寂时分》中,他从现代生物学说到了"九八代"作家;在《"这不是女人,这是一幅画"》中他又从马蒂斯说到了毕加索和《艺术的去人性化》;在《人心是一条幽暗的隧道》中，他更是从萨瓦托说到了卡伦·霍尼；更有甚者，他还从《孤独的迷宫》说到了《菊与刀》；如此等等。

由是，他驾轻就熟，评点了西班牙语文学的一大批经典作家：从塞万提斯到乌纳穆诺到西班牙战后小说家再到博尔赫斯、富恩特斯、加西亚·马尔克斯、巴尔加斯·略萨，等等。所思所得，溢于言表。

当然，他还有辛辣的一面。譬如他在《大众凶猛》中明显认同奥尔特加·伊·加塞特的观点，对大众文化的崛起持保留甚至批判态度。这一态度直接跨越了法兰克福学派及西方后马克思主义的否定之否定。而在《一个国家的悲剧》中，他又单刀直入，对那些抨击西班牙左派的作家作品进行了淋漓的驳斥。

他的另一个特点是借镜观形。他的着眼点在西方，立足点却在中国：几乎自始至终都观照中国人文。这正是他由衷的抒发：他的二胡之声，而非西班牙吉他！

简言之，《吉他琴的呜咽》凡23篇，无不体现他的眼光、立场和涉猎。希望他继续多读，多写！

为避免喧宾夺主，我且就此打住。大家直接读他，岂不更好？！

是为序。

2015 年 12 月于北京

西班牙文学经典系列

一个国家的悲剧

喜欢西班牙电影的朋友可能会有这样一个印象：在西班牙电影中，除了重口味的情色镜头外，内战题材也几乎总是挥之不去的，而且并没有随着时间的渐行渐远而渐至消失，近些年来更是有获得国际声誉的佳作问世。这些电影绝少有展现两军厮杀场面的，重点往往在描绘1936—1939年西班牙内战之中或战争前后对立明显的环境里的平头草民，一个个具体的人。我印象比较深的有，《蝴蝶的舌头》(*La lengua de las mariposas*)，讲述一个小男孩与一个终遭迫害的老教师之间友谊的悲剧故事；《盲目的向日葵》(*Los girasoles ciegos*)，又一出悲剧，年轻的神职人员爱上了将本应成为政治犯的丈夫偷藏起来的美丽少妇；《13朵玫瑰花》(*Las 13 rosas*)，取材于真实事件，13位"政治不正确"的青年女子遭法西斯专政残酷杀害；等等。对西班牙历史了解不深者可能会发问：西班牙人怎么老喜欢纠缠那段隔了有大半个世纪的悲惨时代呢？

西班牙人中亦有对此反感者。哲学家古斯塔沃·布埃诺（Gustavo Bueno）就在《西班牙不是个神话》（*España no es un mito*）一书中质疑这些影片创作者的真实动机。在他看来，今天自我标榜为"左派"的政治团体实与其对手没多大差别。他们推动"历史记忆"题材的文艺创作，试图激活对多年前那场两个西班牙互相撕咬的悲剧的记忆，与今天的政治对手拉开距离。从维护西班牙民族国家的完整统一的角度来说，资助、创作和发行这些文艺作品的做法实在"不和谐"。

布埃诺先生可能没有意识到，不是所有的叙事作品都包含了传达政治理念的意图的，而历史记忆往往超越了党派的竞选策略。近年来重现本国独裁军政府时期历史记忆的智利、阿根廷文艺作品也为数不少，不能说这也是拉美左派的政治策略吧？几乎每个西语国家的历史都有长期被掩盖、被歪曲的某些时代，在那些时代中遭到损害的人们和他们的子孙往往没有得到应有的补偿，哪怕是发自国家层面的道歉。悲痛、怨怼、仇恨并没有随着时间的推移而消亡，却沉淀为集体记忆，令整个民族无法轻松畅快地奔走在通向未来的路上。无论是西班牙内战前后，还是南美诸国的国家恐怖主义时代，都有成千上万的流亡者逃离本国，奔赴极为遥远的异乡，他们的记忆，难道应当永远沉没在大西洋底吗？

事实上，西班牙内战题材的电影也并非这些年才呈现井喷。1975年佛朗哥去世后,随着西班牙民主化进程的展开,审查制度也最终消亡,曾经被禁的书可以公开发行,以往不准碰的题材也可以拍进电影了。1985年,西班牙流亡作家拉蒙·何塞·森德尔(Ramón J. Sender)的中篇小说《一个西班牙农民的追思弥撒》(*Réquiem por un campesino español*)终于被搬上银幕,饰演男主人公、青年农民帕科的,是后来成为国际巨星的安东尼奥·班德拉斯。我曾在视频网站上欣赏过这部老电影的一些片段,班德拉斯刚出道时的青涩,看起来颇为有趣,然而更令我印象深刻的,是长枪党暴徒肆虐乡间的场面。一部不到一百页的小说,给改编成90多分钟的电影,自然加进去不少桥段,比如暴徒们把民众集合在广场上,用枪口指过每一个人,逼他们高抬右臂唱颂歌,这是原书中没有的。暴徒逼民众唱歌的历史也许是假的,但那种由反动意识形态和枪炮支撑的淫威,以及普通民众的那种深度恐惧,却完完全全是真实的。

拉蒙·何塞·森德尔肯定没看过这部电影,因为他已在1982年逝世于加利福尼亚了。1939年春,内战结束前夕,这位曾参加过马德里保卫战的作家携家人流亡至墨西哥,后迁居美国。1953年,他的小说《米扬神甫》在墨西哥出版,因为显而易见的原因不能在西班牙公开发行。1960年再版时,这部作品的名字给换成了《一个西班牙农民的追思弥撒》。在2001年的版本中,这本薄薄的小说与《佩德罗·巴拉莫》

《上校无人来信》《幽灵之家》等名著并列,成为西班牙《世界报》评选的百部"20世纪最佳西语小说"之一。

故事从米扬神甫准备一场追思弥撒仪式开始。被纪念的亡灵,是一年前被"处决"的青年农民帕科。米扬神甫等待死者的亲友前来参加仪式,却迟迟等不到一个人前来。于是,他呆坐在椅子上,从多年前亲自给刚刚降生的帕科施洗礼的情景开始,回想起死者的一生。主要的故事情节就此展开。

作者在写这个故事的时候,也是一边在想象,一边在回忆。作为政治流亡者,他是回不到祖国、回不到故乡了。真实的个人记忆与想象的历史记忆重合起来,便也采用了回忆的倒叙方式。文中多次出现作者故乡阿拉贡地区的方言词汇,亦有不少对地方民俗的描写,令人想起曾在西班牙盛行一时的风俗主义小说。也许,正是思念之切、去国之痛,才让作者如此执着地在文字中展现故乡风土吧。

我曾在从马德里开往巴塞罗那的列车上经过阿拉贡。对此地保留的唯一印象,就是在进入加泰罗尼亚美不胜收的地中海海岸之前,车窗外延绵不绝的荒原。小说中的那个阿拉贡的小山村,与那个时代西班牙别地的大多数山村一样,闭塞而贫穷,大部分土地归富有的地主贵族所有,乡民们不管喜欢不喜欢,都按时去教堂望弥撒,听神甫的话,做"好的基督徒"、王国的良民。村子外的山洞里,住着极端困苦的人，没有水和电，没有一件像样的家具，为苟活于世而痛苦挣扎。正是在这样的一个山洞里，争取公正的意识在幼小的帕科心里萌芽。

米扬神甫回忆到，当年帕科曾作为侍童跟着他去村外一个山洞里施涂油礼，给穷苦病人送终。事过之后，帕科念念不忘他目睹的凄惨景象，问了神甫好多问题。神甫虽不高兴，却还是每问必答，或是绕开主题，或是为这种惨象的合理性做出解释，一如多年以后面对自己害死帕科的事实，他还是在内心里不断地为自己的罪责找出合理的解释。"还有比贫穷更糟糕的东西。""上帝准许贫困和苦痛存在，一定是有原因的。""你能做什么呢？你看到的这些山洞确实困苦不堪，可是在别的村子，还有更惨的。"

从"阶级成分"上说，帕科应该属于"富农"家庭，这并不妨碍他拥有正直善良的心胸。神甫回忆起他主持过的帕科的婚礼。回忆不时被现时场景的叙述打断，侍童断断续续哼唱着一首描述帕科之死的谣曲，即将为帕科举行追思弥撒的教堂还是没有人来。

就在帕科的婚礼热热闹闹进行的当儿，来自马德里的消息在村民中传开：变天了，国王下台跑路了。共和国的三色旗飘扬在市政厅的阳台上；新的市政会议成员经选举产生，多是平头草民；帕科带头联合农民兄弟们发起斗争，要没收公爵的家族自中世纪以来就占有的大片山野，终结封建土地制度……作者将国家的大历史微缩在这座阿拉贡小山村里，尽管没有编年史式的背景叙述，还是能让读者隐约看到共和国政治风云变幻的主要脉络。变革的激进、保守派的不肯退让，通过帕科和公爵资产管理人的对话表现了出来：

"好吧，至于这件事，公爵先生似乎准备好跟您商量了。"堂巴雷里亚诺说。

"是说关于山的事吗？"

堂巴雷里亚诺点了点头。

"没什么好商量的，只有低下头来。"

堂巴雷里亚诺便不说什么了……

革命几乎是在一夜之间发生的。当城市中的知识分子还在因思想的分歧争论不休、走向越来越严重的分裂时，没有接收过任何政治理论、单有一颗善良之心的农民直接来到富人府上，要求让出特权，不留任何妥协的余地。这显然会激怒旧的贵族。历史上哪有肯轻易放弃既得利益的权贵呢？堂巴雷里亚诺终于发火了："四百年前就定下来的东西，不可能一天之内自动消失。"帕科也有他的理由："人定下来的东西，也由人来撤掉。"堂巴雷里亚诺说："是的，但是人跟人是有差距的。"

激烈的言词交锋，预示着日后战场上的血腥搏斗。西班牙分裂成了两个：主张自由、平等、进步、地区自治的西班牙，以及固守秩序、传统、宗教、中央集权的西班牙。与前者站在一起的是帕科，是底层民众和多数知识分子，与后者站在一起的是堂巴雷里亚诺和他的主人，是地主贵族、天主教会和大部分军队。这两个西班牙对立已久，在失去重心的政局中激烈缠斗，宁选择暴力而非温和对话，注定要走向一场你死我活的血战。

帕科只是取得了暂时的胜利。后来，先前被吓跑的富人们又回来了。然后村里来了一帮年轻人，他们都把脸刮得很干净，带着棍子和手枪，喜欢歇斯底里地叫喊。虽然作者没有交代他们的来历，了解西班牙内战史的读者都能猜到，他们就是凶残成性的长枪党党徒。在内战最初的岁月里，西班牙的许多市镇乡村陷入无政府状态中，各地接连发生暴力事件，著名诗人加西亚·洛尔卡（García Lorca）即在这样的气氛中遭长枪党暴徒草草枪杀，死在自己的故乡，连尸首都不知去向。帕科的山村也陷入极度的恐怖之中。夜晚，村民们闭门不出，只听到零星的枪声。早上起来，村子里就又多了几具尸体。"谁也不知道他们是在什么时间杀人。也就是说，他们是知道的，但没有人见到过他们行事。"所有哪怕显露过一点点支持共和国倾向的人都面临血光之灾。帕科躲进了山里。他究竟躲在哪里,只有少数人知道,这其中包括米扬神甫。

教会在内战中扮演了什么角色,作者通过米扬神甫的所作所为戏剧性地展现了出来。一开始,神甫对暴徒的滥杀无辜加以谴责。当暴徒们前来质问帕科的藏匿地点时,神甫没能扛得住威胁。暴徒先是言语恐吓:"我们不要得了脑软化症的人。我们正在打扫这座村庄,谁不跟我们站在一起,就是与我们作对。"神甫跟他们辩解了几句。当匪首把腰上的手枪卸下来放在桌上时,神甫不知道他究竟是在威胁,还是要减轻一下皮带的负荷……

米扬神甫终于答应带他们去找帕科,但要求他们不准杀他,他们口头同意了。他们把神甫押进山中,让他成功地说服帕科放下武器,去接受"审判"。当天晚上,他们就把帕科连同另两个无辜的农民拉去枪毙了。行刑之前,他们还让神甫来听临刑者做忏悔。帕科和米扬神甫最后的对话:

"您答应过我,他们会带我上法庭审判我的。"

"他们也骗了我。我能做什么呢?孩子,想想你的灵魂吧,如果你可以,忘掉其他的一切吧。"

"为什么要杀我啊?我做了什么?我们没有杀过任何人。"……

"有的时候,我的孩子,上帝也会让无辜的人死去的。他就曾让自己的儿子死去,耶稣可要比你们三个更无辜啊。"

面对人间的灾难,神甫只有像鸵鸟把头埋进沙里一般,拿基督教教义来搪塞受难灵魂的质问,来掩盖自己心中的负罪感。作为教区里的精神领袖,神甫理应为这些处于弱势的灵魂负责,却在枪口面前表现得如此懦弱无能。在这种暴力横行的环境中,无能也是一种恶。更何况他还出卖了帕科,他看着长大的青年人,他最最喜爱的教民之一。

整个故事从神甫准备弥撒始,至神甫上台唱经为终,前后大概半小时的时间,中间穿插了对帕科一生的追忆。是青年农民帕科的悲剧,是所有向往自由和正义的村民的悲剧,也是米扬神甫的悲剧——如果没有那场席卷西班牙各个角落的残酷内战,也许他可以继续安然自得地做他的法事,用教义宽慰上帝的子民,在主持这场或那场洗礼或婚礼过后享用他念念不忘的炖石鸡……整部小说都是现实主义的叙述,唯有那匹在村中自由漫步、闯进空荡荡的教堂里来的小马驹,才给阴暗悲凉的历史现实增添了一点超凡的、魔幻的色彩。那匹小马驹是帕科的遗物。它莫非象征着什么吗?

我记得读本科时,某一篇西班牙语课文的后面附有西班牙诗人米盖尔·埃尔南德斯(Miguel Hernández)的一首诗,题为《战争》。诗很短,没有一个动词,简略勾勒了战争给一个乡村所造成的：枯树、荒草、尘埃、寒鸦、无主的心、守寡的女人、无解的仇恨。诗中重复出现这两句话："年轻人呢？／在棺材里。"事实上，许许多多的年轻人，像洛尔卡、像帕科一样，被枪杀后就给扔进了大墓坑，这些集体墓穴在多年后仍是西班牙民族难以愈合的伤口。写这首小诗的埃尔南德斯，便也在内战之后死在佛朗哥的监狱里了。

西班牙的孤寂时分

近读《现代化的先驱——20世纪思潮里的群英谱》[1]一书,方知在19世纪末20世纪初的西班牙,有志于科学探索者是在多么艰难地展开研究工作。这个曾经"发现"了美洲的古老帝国,早已失去了发现新事物的热情。欧洲其他国家的科学家创制出的新技法,往往要等上几十年才会被他们的西班牙同行采纳。为了发表研究成果,杰出的西班牙病理学家圣地亚哥·拉蒙-卡哈尔(Santiago Ramón y Cajal, 1852—1934)必须编辑并印制他自己的杂志,因为"世纪之交的西班牙并不是一个发布新科学的地方"。外国专家读不懂他提交给德国解剖学会大会的论文,因为文章是用西班牙语写的。他在大会上不得不用生硬的法语发表演讲,成效也不大。幸而他带来了自己的一组素描作品,是借助显微镜精确

---

[1] 威廉·R.埃弗德尔,《现代化的先驱——20世纪思潮里的群英谱》,张龙华等译,南京大学出版社,2011年。

画出的小鸟胚胎的大脑,这才让国际同行们对他在神经系统方面做出的新发现提起极大的兴趣。

作者在书中不无揶揄地叹道:"西班牙似乎根本不属于欧洲。"这种想法不单为那个年代的西方诸"列强"所持有,也是那个年代的西班牙知识分子所认识到并且为之焦虑的。当东边和北边的邻国都在你追我赶地发展大工业、创造现代文明的成果并向殖民地的"野蛮"世界大举进军时,西班牙显得前所未有的孤独和贫困,为一大堆问题缠身。哲学家何塞·奥尔特加·伊·加塞特在他的《无脊椎骨的西班牙》一书中把这个国家自菲利普二世时代开始的衰落解释为一个分崩离析的过程:从帝国的边缘到中央,先是低地国家和米兰公国脱离帝国的统治,接着是那不勒斯,然后在19世纪初,美洲诸殖民地纷纷独立,至该世纪末,危机似乎达到了顶峰——经由1898年的美西战争,西班牙失去了美洲和远东的最后几小块殖民地:波多黎各、古巴、菲律宾和关岛。"1900年,西班牙的肉身回到了它初生时的仅为一个半岛的裸体状态。"在奥尔特加看来,1898年的灾难并不是危机的结束,而更像是新一轮危机的开始,因为在此世纪之交,西班牙半岛内部也传出了分裂之声,各个地区的民族主义运动纷纷抬头,甚至连西班牙是否存在都成了一个值得商榷的问题。对于一个失去了所有、陷入孤独境地的人来说,没有比失去自信更糟糕的事了。怀疑自我存在价值的悲观论调,很容易将个人导向自杀。无疑,这样的人需要精神的支持,需要被灌输一些"正能量"。对于一个民族来说,也是如此。

正是在被称为"九八代"的一批西班牙作家那里,西班牙成为一个问题。1898年祖国在与美洲的那个新兴强国交战中的惨败,促使年纪尚轻的他们积极思考西班牙的命运,在承认欧洲先进国家文明成果的同时反思本国文化的价值。我们很容易因之而联想到我们的"五四"——也是在那个帝国主义列强横行的时代,也是在一个"先前也阔过"的落后国家,也是一批年轻人,为科学民主和传统价值的矛盾而纠结,为祖国的前途而担忧。然而在对待传统价值方面,与五四青年的激进相比,西班牙的九八代作家表现出更为宽容的态度。他们没有感受到那么大的来自外侮的压力,不似在五四青年那里,如李泽厚所指出的,"救亡"的任务压倒了"启蒙"的主题,从而使中国文化走上了一条曲折而不安的道路。九八代所反思的传统价值,也并非如五四青年所认定的那样是与西方现代文明格格不入的、应当全盘砸烂的,西班牙的精神遗产终究还是西方文明的组成部分,只是更多地与中世纪精神、与犹太-基督教文化的价值体系相联系,在遭遇现代性时呈现出多重矛盾。总观五四青年和九八青年的人生轨迹,同是因内忧外患而激愤发声,前者多是越来越激进,以致走上翻天覆地的革命之路,后者则多是渐趋保守,终而退回自己的内心。将两国的现代思想史做一比较,或许会有许多很有意思的发现。而他们和他们在地理上相隔如此遥远,也不通对方的语言,是否知道彼此呢?撇开异同不谈,西班牙九八代文学可曾影响过中国现代文学呢?

尽管规模不大,民国时期中国作家对西班牙同行的译介也还是有的。九八代作家中,皮奥·巴罗哈(Pío Baroja)的短篇小说作品就被鲁迅从日译本转译过。另一位颇受中国作家欢迎的便是阿索林(Azorín,又译阿佐林或阿左林,原名José Martínez Ruiz)。我手上的这本小书,便是戴望舒翻译的阿索林散文集。1930年,神州国光社出版了戴望舒、徐霞村合译的《塞万提斯的未婚妻》。周作人读后曾感叹道:"要到什么时候我才能写这样的文章呢!"唐弢也对此书颇为赞赏,并称傅雷也曾向他借过此书,后来就索性送给了傅雷。此书虽佳,却绝版多年,直到今人从偶然觅得的原书改头换面的重印本中选取了戴译的篇目,又添上数篇散见于三四十年代中文报刊的戴译阿索林小品,遂有了这本看上去颇为"小清新"的新编《塞万提斯的未婚妻》[1]。

细读深思才能知道,"小清新"实在不能算是恰当的评价。虽是描绘日常生活和风景的小品文,这些作品隐含了作者的一种努力——他要深入到西班牙民族的灵魂中去。他

---

[1] 阿左林,《塞万提斯的未婚妻》,戴望舒译,桑农编,生活·读书·新知三联书店,2013年。

阿索林（Azorín，1873—1967）

不知疲倦地观察他身边的同胞，感受一个正在拉开序幕的深刻变革时代给单调重复的国民生活造成的危机，并试图从固有的传统中找到某些积极的因素。阿索林曾长期为报社工作，利用采访的机会游历西班牙各地，写下这一系列平实而深刻的随笔。这些随笔对西班牙文学的贡献，超越了他的小说、剧作和文学评论作品。沈石岩先生编著的《西班牙文学史》[1]就给他这样的概括："一位杰出的散文、随笔作家和文体学家。"戴望舒敏锐地从法文译本中发现并转译成中文的，正是阿索林的精品。最先吸引了译者的目光的，一定是那种简练脱俗的文体形式，深入文本后，其哲思也一定令译者

---

[1] 沈石岩编，《西班牙文学史》，北京大学出版社，2006年。

和读者积极地反思自身。九八代作品的价值,在文风文体上,更在思想力度上。若是二者颠倒,那么九八代就不该叫九八代,而该唤作"现代主义"了。

与今天西班牙国家旅游局广告中宣传的那个阳光沙滩、多元文化、成天过节的西班牙迥然不同,阿索林描绘的西班牙是凋敝而沉寂的。周作人称它是"伊伯利亚半岛的东西杂糅的破落户的古国"。阿索林笔下的那些平凡的国民,往往是孤独的、饱经沧桑的,然而安于现状的。比如在《一个农人的生活》中,那个两度经历过丧子之痛、像苦行僧一样过着简朴生活的老农夫,"这位可怜的人毫无对于将来的观念。将来是许多人的梦魇和痛苦。这位可怜的人是不关心明天的。《福音书》上说:'每一个日子都带了苦难来。'我们今天的苦难是否还不够多吗?如果我们去关心明天,我们可不是会有两重的苦难吗?这位可怜的人既无希望又无欲求地生活着。"城里的人也过着浑噩的生活,时间的流逝是无关紧要的,比如生活在京城马德里的这位先生,"在十点钟的时候,他便回来睡觉。在那湮没着整个屋子的沉静中,响着滴答的钟摆声,接着是那洪大的、慢的、很慢的报时声,曳着颤动的尾声,慢慢地消歇。"西班牙就在这么孤寂地沉睡,远离那繁荣进步的世界。在九八代作家看来,国人是需要克服这积累了几个世纪的惰性的。走向现代化,就意味着必须打起精神，树立自我，珍惜时间，正视并且规划明天，抛弃中世纪式的盲从和悲观，不再安于"事物的不能改变的神秘的安排"——对于现代人来说，既定的命运轨道是不存在的，人可以通过努力改变自己的处境，发展、进步，通向美好光明的未来。然而未来必定是美好光明的吗？在阿索林描绘的另一些西班牙人的身上，我们又看到了个人对于离开既定的命运轨道的恐惧。"变方向和开始一种另外的生活是一种他的心所不能领悟的思想。他不会理解。在新的生活方法中，他会感到像一个陌路人。"正如电影《海上钢琴师》中的那个聪颖而孤独的钢琴家，当他就要离开他从未离开过的那条轮船时，面对意味着更多可能、更多不定的繁华都市，他不敢往前再迈出一步，最终还是扭头回到了船上，并决定终老于斯。是拥抱科学进步还是固守宗教传统？要理性还是要信仰？这是九八代作家们终其一生的苦思中念念不忘的问题。阿索林诗意地将这种矛盾表现了出来。"我们的整个灵魂，我们的民族的整个坚实的心灵，不就是在那些教堂中，在那些基督受难十字架中，在那些苦修庵中，在那些修道院中，在那干燥的天空中，在那平硕的平原中吗？"这样的文字，又像是在捍卫西班牙民族苦行僧式的闭关自守了。教堂和修道院不是应当被砸烂的落后事物，而是和天空、大地一起，构成了西班牙独具特色的风景。宗教信仰的虔诚不是应当被全盘抛弃的封建糟粕，而是已然成为西班牙民族灵魂中不可分割的重要部分了。现代文明的世界固然美妙,然而美妙是恒久的吗?"一切东西都是固执地、不休止地向虚灭前进着的。在几世纪过去了之后,这浩大而可畏的西班牙帝国,将剩下些什么东西呢?而世界上的一切的国家,在几千几千年、几千几千世纪的时序中,它们的命运是什么呢?"未来之浩渺,思之令人茫然,不如且享受这眼前的充满诗意的瞬间吧。

阿索林的小品文,展现的就是发生在当下的这一个个审美的瞬间。不空谈过去,也不奢谈未来,只关注此时此地此景。他的用词是朴素的,句式是简练的,读来颇觉平淡——这不正符合中国文人士大夫的审美理想吗?在西语作家中,很难再找到另一个像阿索林这样喜欢用短句的。我在西班牙语专业念到大三时,就喜欢上了阿索林的散文,因为读他的文字,不用太频仍地查字典,也不用费心去解析长句。且看《安命》一文的开头:"多思加诺先生住在一条冷落的街上。他的房间是一间屋顶楼。在那间屋顶楼里有一张桌子,一张床,一个柜子,一个洗脸台,两三把椅子和一个小桌子,还有些书。在墙上,你可以看到四五幅古画。"用笔之简,简直就像小学一年级语文课本里的课文。九八代作家的文笔大多朴实无华,仿佛作家的词汇量贫乏,难道这是西班牙文学衰落的标志吗?

恰恰相反。他们正是要摆脱之前盛行的那种已经失去活力的繁复、冗长、浮华的文体,创造一种新的表达方式。他们希望自己的文章能被大多数同胞读到,从而起到拯救民族灵魂之效。撇开内容不谈，这种简明的美学形式本身就是革命的。阿索林也会为自己的行文方式做辩护。如在《风格》一文中，他写道："在风格中最重要的东西是明晰。凡是清晰地想着的人，也明晰地写着。"他确实是这么做的。在西班牙黄金世纪文学的诸多典范作品中，他赞赏的并且意欲复兴的，就是那种"明晰、自然而朴素"的文风。而这种文风是与他所肯定的西班牙民族精神、传统价值相一致的。它对应着的是西班牙"清朗而高贵"的风景，以及"高贵而庄重"的西班牙人。沈石岩先生的《西班牙文学史》对阿索林有这样的评价："他卓绝的散文有时因追求形式上的完整、文体上的和谐，从而失去清新活力，缺乏灵感上的勃勃生机。"这一点我倒未曾觉出。对于我来说，阿索林从未失去"清新活力"，他要传达的活力和生机，正隐藏在简约玄澹的叙述里。东坡有云："大凡为文，当使气象峥嵘，五色绚烂，渐老渐熟，乃造平淡难。"阿索林的平淡，寥寥数字而生气远出，恐怕是二三流作家模仿不来的。

最后我想谈一谈戴望舒的翻译。中国现代作家中与西班牙文学有所结缘的人并不多，戴望舒倒是一个。《戴望舒译诗集》[1]曾是我在南京青岛路上一家旧书店的惊喜发现，其

---

[1] 《戴望舒译诗集》，湖南人民出版社，1983年。

中收录了数十首与戴望舒同时代的西班牙诗人的作品——那可是西班牙诗歌的白银时代啊！如今那家旧书店早已消失得无影无踪，这本老旧的诗集却一直陪伴着我，几历搬迁而愈显珍贵。我曾从中挑出戴译西班牙诗人加西亚·洛尔卡的名作《吉他琴》(*La guitarra*)，与另几位西语界翻译名家的译本放在一起，带到自己的笔译课课堂上。相较之下，戴望舒的译本是朴素的，甚至似是为了忠于原文而显得有点拙，含玩再三之后，大家还是觉得戴译读着最舒服，也最可信。今读戴译阿索林，也是这种颇为素雅的感觉。有的地方读来是不符合今天的汉语表达习惯的，如"他们节约地去旅行欧洲了"，还有些名词的翻译，如"古寺""县署"，如人名"焕"（今译胡安）、"悲多汶"（今译贝多芬），今天读来颇有"民国范儿"。有的词句读来觉得显拙，如"群星带着一种神秘的闪烁在无际的长天上闪闪发光"，一查西语原文，发现作家就是这么写的。或许有的读者不喜欢这样译，嫌其生硬，我倒是觉得，信而拙的译文，总比那种通顺流畅得像北京市民日常说话却远离原文的译文要好。有些外国文学作品的中译，读来易懂无障碍，也颇受"翻得好"的赞誉，拿原文来一对照，却是不堪入目的。大巧若拙，或是许多今人难以企及的境界。不知戴望舒先生可曾谈过自己的翻译美学观，若是有的话，我想阿索林假使能知晓，当是会点头赞同并引之为知己的。

走不出中世纪

在西班牙语中,"怀旧"和"乡愁"可以用同一个词来表示:nostalgia。这个单词的发音,在我感觉本就有一种哀怨凄婉的味道。根据字典的解释,从词源上看,它来源于希腊语,由 nóstos(回归)和 álgos(痛苦)二词组合而成。追忆往昔,思念故乡,往往是有痛苦相伴的。古今中外的文学作品中,可以为这一主题找出太多的例证。而对于现代人来说,"nostalgia"的感觉或许是以前所未有的速度加剧了的。时间不再循环往复,而是直线延伸向无法预测的未来;社会在不断地发展、转型;旧的观念和价值观在加速的晕眩中分崩离析……正如马克思和恩格斯的精准预言:"一切坚固的东西都烟消云散了。"于是,我们拼命地想抓住某种坚固的东西;我们不愿回到已然面目全非的故乡,而更情愿在记忆中保留那方童年的净土;我们倾向于把过去想象成一个纯洁的、安全的时代,在那时候,人们虽然普遍学历不高,却都是有信仰的;人们虽然拥有不多,却都是缺乏贪欲的;人们虽然也会互相争斗,却还是肯向路边的陌生人施以援手的……总之,那是一个清苦而干净的时代,一个节奏缓慢、井然有序的世界,远离今天我们能看到的所有繁华和所有罪恶。假使历史可以倒转,那么,你更愿意生活在哪个时代里呢?

在《殉教者圣曼奴埃尔·布埃诺》[1]的故事里,展现在我们面前的就是一个20世纪初的闭塞、淳朴的西班牙小村庄。在村中能看到顶上覆盖着白雪的高山,村子还临近一个"深邃碧蓝"的湖,据说在湖底沉睡着一个古老的小镇,在圣胡安节的夜晚,还能听到湖底小镇传来的钟声。村里的人们是愚昧而虔诚的,他们都尊敬乃至景仰村中的神甫——圣徒一般的曼奴埃尔·布埃诺。这位神甫像耶稣一样地生活,用他充满磁性的嗓音宣教布道,用实际的行动帮助穷苦人,用圣洁的精神的光辉感化罪人。故事的讲述者是他的精神之女、崇拜他也关怀他的安赫拉·卡瓦伊诺。整个故事就是发鬓已白的安赫拉对20多年前往事的追忆。在她前半段的叙述中,我们宛如看到了那个由埃尔·格列柯的画笔所呈现的西班牙:深暗色调的、迷狂中的、笃信上帝的西班牙,久久沉浸在中世纪之中的西班牙。当新教伦理与资本主义精神结合在一起,当欧洲其他国家在启蒙精神、理性主义的感召下快

---

[1] 米盖尔·德·乌纳穆诺,《殉教者圣曼奴埃尔·布埃诺》,余幼宁、赵京生译,重庆出版社,1992年。

速发展时,这个南欧古国却固守着天主教会的深厚传统,似乎对科学技术和工业进步所展现出的奇迹反应冷漠。对外战争的接连失败仿佛催醒了一批知识分子,于是,西班牙渐渐为两种互相对立的思想倾向所撕裂:要么固守天主教民族传统,捍卫西班牙的灵魂使之不受现代性的玷污;要么抛弃封建、保守的价值观,引入科学、理性,与发达的西欧全面接轨。这种矛盾表现在19世纪和20世纪之交的一批西班牙作家的思想创作中,而在这篇小说的作者、米盖尔·德·乌纳穆诺(1864—1936)的人生和创作中,这种矛盾是表现得最为复杂、最为深沉、最为彻底的。

理性和信仰,逻辑和生命,理智和情感。在乌纳穆诺看来,这是西班牙人无法调和的矛盾,从中显现出这个民族独有的"生命的悲剧意识"。乌纳穆诺一生都在为这些矛盾所折磨,不断地反思,不断地痛苦,不断地履行他的多重身份:基督徒、不同政见者、小说家、哲学家、大学校长……他为自己辩解说,真正的宗教生活,就应当是处在持久的运动和不安中的。他提倡信仰,而非迷信,鼓吹在对真理的孜孜探求中找到生命的意义。然而这样想就可以一劳永逸了吗?终极矛盾得到解决了吗?对于常人来说,既然笃信上帝,就不该质问怀疑,就不能追求理性;既然拥抱理性,就不该继续将自己托付给上帝,不应相信身后的天国。究竟该怎样好呢？与其清醒而痛苦地生活在现世中，倒不如浑浑噩噩地过活，不要知识也不要"进步"，只待死后升入天堂，是不是？

乌纳穆诺想不通这些问题。就是在他自己的内心分裂中，就是在对这些问题的阐述中，流露出现代性的意味来。这些问题，几十年后的存在主义者们接下去继续思考。乌纳穆诺把他的矛盾写在哲学著作里，也表现在小说中，故而乌纳穆诺的小说比起同时代的叙事作品来，明显地更具有哲学意味，笼罩着悲观的、神秘主义的色彩。而在文学史上，长度顶多算中篇的《殉教者圣曼奴埃尔·布埃诺》被公认为是他的小说巅峰之作。

一个对自己的信仰毫不怀疑、循规蹈矩地生活、在时间的循环中安守田园的神甫，可以说还是一个中世纪的人；故事中的这位神甫，起初看上去还是一个天主教会的模范，越往后读，我们就渐渐地发现，这位圣徒似乎越发地不对劲。帮助我们认清真相的，是叙事者安赫拉的兄长拉萨罗。拉萨罗曾只身闯荡美洲，带着"进步"的、"反教权主义"的思想回到他自小成长的小村庄。他宣称"在乡村里，人越待越蠢，越待越粗野，越待越穷"，"文明状态和乡村状态是全然对立的"，他想把家人带到城里去生活。人们本以为这位革新者要与在他看来"从精神上统治人的灵魂的"神甫展开一场较量，然而随着对曼奴埃尔的深入了解，加上回乡后所经历的家庭变故，拉萨罗非但没有说服曼奴埃尔，反倒是被这位圣徒所感化。因为曼奴埃尔无法在他面前掩饰自己纠结的内心：实际上，对于自己平日里宣讲的那一套，天国也好，来生也好，他并不相信；然而"为了那些把自己托付给他的人的幸福"，他不得不用教义、用圣徒般的亲身实践欺骗他们。他明白，愚昧的村民只能靠这些虚假的许诺活着，不能知道真理，因为"真理几乎是可怕的，无法忍受的，会置人于死地的"。作为神甫，"我所做的是使我的教民的灵魂活着，使他们幸福，使他们梦想永生，而不是杀死他们。"拉萨罗终于深刻理解了这位圣人，他也意识到，面对这可怜的众生，"重要的是不要唤醒他们，让他们没有思想地活着，使他们少受痛苦。"他甚至发出这样的感叹："精神上贫困的人是幸运的！"自己忍受着内心分裂的折磨，向穷苦人宣讲善意的谎言却不图功利，将生命奉献给为别人构筑精神天国的神圣事业，在这个意义上，曼奴埃尔不仅是圣人，更是个"真正"的圣人。这也是这一小说人物的悲剧性所在。他的临终时刻也被写成了极富悲剧色彩的段落，读之宛如亲历耶稣基督的殉难。他向知道他秘密的拉萨罗兄妹俩留下遗言："听着，你们要照顾好这些可怜的绵羊，让他们活得愉快，让他们相信那些我没能相信的东西……"所有人都沉浸在深深的哀痛中。在他发出的最后的要求下，村民们齐声念诵《主祷经》《万福马利亚》《圣母颂》，仿佛感到圣人的灵魂向天国飞升而去。神秘的是,那个总喜欢模仿圣曼奴埃尔说话的傻子布拉西约也随他一同逝去。布拉西约生前只会重复一句话:"上帝啊,上帝啊!你为什么要弃我而去!"这是耶稣被钉在十字架上时发出的呼喊。圣曼奴埃尔在耶稣蒙难日布道时,曾用令所有人震撼的声音喊出这句话。谁知道这礼仪程式的面具,表达的是何等深彻的心声呢?跳出故事来看,这难道不也是作家本人的痛苦呐喊吗?

与米盖尔·德·乌纳穆诺同时代的另一位伟大的西班牙作家阿索林曾在他的散文中写道:"在西班牙,正如在别的国家一样,中世纪是和文艺复兴的精神斗争着的;可是在别的地方文艺复兴虽则胜利了,中世纪在西班牙却有一种顽强的抵抗。而信仰论是中世纪。"正如在这篇小说中,曼奴埃尔的没有信仰的信仰战胜了拉萨罗,让这个具有新思想的人折服:"他给了我信仰。……是的,信仰,信仰生活安宁,信仰生活愉快。他治愈了我的进步派立场。"这究竟是可喜还是可叹呢?如果说乌纳穆诺想用这篇寓言来说明信仰战胜理性的道理,那么揭示这种"没有信仰的信仰"本身难道不啻为对中世纪精神的挑战吗?《殉教者圣曼奴埃尔·布埃诺》曾是被西班牙政府列入禁书清单的。

有人曾这样评价乌纳穆诺的作品:"在其中永远激荡着一个在它自己血液的跳动中感受着西班牙脉搏振颤的痛苦灵魂

发出的回声。"我们在乌纳穆诺的文字中感受到那个时代的西班牙：纠结、分裂、摇摆、冲突、激荡、痛苦、绝望……积累了多年的矛盾，终于在1936年夏天集中爆发，西班牙大地上展开了一场空前血腥的内战。当法西斯军人在乌纳穆诺担任校长的萨拉曼卡大学召开气焰嚣张的集会时，这位思虑重重却还清醒的哲人在枪口的淫威前表现出大勇精神，发出了那句载入史册的断言："Venceréis pero no convenceréis"（你们会赢得胜利，却不会赢得人心）。被革除校长职务后，他在孤独和绝望中走完两个多月的余生，如同圣曼奴埃尔·布埃诺一样，结束了那紧张而痛苦的"人生之梦"。

吉他琴的呜咽

十年前的那个夏天,我第一次去西班牙。在那次短暂而充实的行程中,有一天晚上,在巴塞罗那,我失眠了。当时我住在一位西班牙朋友的亲戚家里,幸好床头旁边就摆着一个塞得满满的书柜,为了打发时间,我就找书来看。当时我翻到一本加西亚·洛尔卡的诗集,里面有像儿童画那样的插图,今天想来,那些插图可能是诗人本人的画作。在那个地中海边的不眠之夜,我读到一首题为《告别》的小诗,非常简单,也非常动人,于是动手抄了下来,试译如下:

如果我死了,
就让阳台门敞开着。

孩子吃着橙子。
(我在阳台上能看到。)

割麦人割着麦子。

（我在阳台上能感觉到。）

如果我死了，

就让阳台门敞着吧！

说不清为什么这首诗有那么大的魔力，让我久久不能忘怀。在后来的行程中，在巴塞罗那，在马德里，在托莱多，在塞戈维亚，我的目光常常停留在老建筑的那些各色各样的阳台上。西班牙的阳台多是开放式的，由此成为沟通屋内空间与屋外世界的桥梁。诗中的那个诉说者用极简单的语句表达了极朴素的愿望：让阳台门敞开着，以便死后依然能和人世间、大自然保持沟通。"孩子吃着橙子"，是充满希望的场景；"割麦人割着麦子"，则宣示着成熟、收获乃至终了。"让阳台门敞着"的遗愿，以首尾重复的方式进行了强调。在平淡温馨的文字背后，仿佛透着深沉的绝望，像是暖阳底下奏出的悲怆曲调。洛尔卡创作这首小诗时，还是个二十几岁的年轻人。他何以在这样的年纪就预想自己的死亡？

事实上，死亡是洛尔卡诗作中最常见的主题之一。幻想的死亡，现实的死亡；悲情的死亡，超脱的死亡；自己的死亡，吉卜赛人的死亡，斗牛士的死亡……在另一首诗中，他又这么设置自己的归宿：

加西亚·洛尔卡(García Lorca,1898—1936)

当我死去时，

请把我埋在黄沙下

与我的吉他琴一道。

这首诗来自《深歌诗集》。"深歌"（cante jondo）是洛尔卡的故土安达卢西亚地区流行的一种民歌形式，关于其来源有多种说法，或是来自摩尔人，或是来自吉卜赛人，或是来自犹太教会堂的赞歌。安达卢西亚是西班牙的南方，干燥而炎热，虽则贫瘠，却也是保留了多种文化遗迹的地方，往往被作家和艺术家赋予浓厚的异域色彩。洛尔卡曾和他的同乡、著名音乐家曼努埃尔·德·法雅一同探索"深歌"的表现形式，试图把它的音乐性注入诗歌之中。他的尝试是成功的：在先锋艺术和故土传统之间，在文字和音乐之间，他建立了完美的平衡。在他的咏叹中，不仅能看到诗人对故乡景物的眷恋，也能感受到诗人与吉他琴、与音乐之间的割舍不断的情谊。同样是来自《深歌诗集》，这首《吉他琴》可算是洛尔卡最有名的诗篇之一：

吉他琴的呜咽

开始了。

黎明的酒杯

破了。

> 吉他琴的呜咽
> 开始了。
> ……

这是戴望舒先生的译笔。虽则原诗的音乐美,势必要朗读原文才能完全传达出,但这首译诗还是相当忠实地再现了原诗的内容和形式的。几个短小诗节在全诗中重复、变化,渐至达到高潮:

> 啊,吉他琴!
> 心里刺进了
> 五柄利剑。

正似悲琴泣诉,情至高处,琴弦崩断。洛尔卡的这首名诗改变了我曾对吉他琴保有的印象:它可以在花前月下奏出轻快的浪漫小曲,同样可以长泣不止,传达最深沉的绝望,就像安达卢西亚的歌唱家在表达最强烈的情感时,直刺心腑的音调和极度扭曲的面部表情。而这些将饱满浓郁的生命力灌注于悲情主题中的诗篇,仿佛预示了诗人悲剧性的死亡。

2006年夏天,在洛尔卡的故乡格拉纳达,我看到诗人的巨幅头像被印在公交车车身上。原来这是一次舞蹈巡演的广告,由安达卢西亚弗拉门戈芭蕾舞团演绎洛尔卡的《吉卜赛谣曲集》。演出在一个露天剧场中举行,旁边就是著名的历史景点阿尔罕布拉宫。至今我还保留着一张入场券,上面印有这样的文字:"《吉卜赛谣曲集》写于1924年至1927年,于1928年7月面世。从那时起,有多少人不曾把它捧在手间,读过千百遍?人们反复阅读这部诗集,好似反复吸食一种毒品,它的字词的颜色、词句的热度及其内容之优美,一遍遍直入我们灵魂的最深处。"把读洛尔卡的诗比作嗑药,似乎有点过了,但那些诗句的魅力是无可否认的,更何况有音乐、舞姿和灯光的效果相伴。我还记得轮到演绎《西班牙宪警谣》这首长诗时,舞台上出现了一排戴着经典的三角黑帽、披着硕大黑披风的"西班牙宪警",在幽绿的灯光下组成一道黑压压的人墙,气势逼人,原诗是这样开始的:

> 黑的是马。
> 马蹄铁也是黑的。
> 他们大氅上闪亮着
> 墨水和蜡的斑渍。
> 他们的脑袋是铅的
> 所以他们没有眼泪。
> 带着漆皮似的灵魂
> 他们一路骑马前来。

……（戴望舒译）[1]

在这首诗中，面目可憎的西班牙宪警洗劫了吉卜赛人的城市，吉卜赛人的灾难与《圣经》中伯利恒的屠婴暴行糅在了一起。长年在安达卢西亚的土地上漂泊的吉卜赛人，自由而贫苦，一直受歧视和排挤，不得不四处奔逃，他们的生活成为诗人钟爱的表现题材。偷欢也好，仇杀也好，为上流社会所不齿、让吉卜赛人背负恶名的行为，都被洛尔卡转换成充满象征和梦境色彩的诗作。洛尔卡对边缘人群的关注，也使得他的作品相较同时代杰出诗人更容易被人民大众所接受。在那个西班牙文学白银时代鼎盛期的其他诗作中，世界往往是完美的，有至真至纯的爱，有甜美洁净的梦，诗人们为写出最"纯粹"的诗而努力；而在洛尔卡的诗作中，我们才可以看到一个哀伤的安达卢西亚，一个清贫凋敝、充满矛盾和斗争的西班牙。不过，洛尔卡并不自认为是以社会批判为使命的诗人，他对于政治运动也并没有多认真的投入，而最终害死他的，还是政治斗争。

诗人只是以他的纯真之眼看这个世界。在西班牙，他的诗作虽则展露出先锋气息，其结构、用词、韵律等还是极富地方特色的，到了美国，他的诗风就变了，相比之前更为晦

---

[1] 本文所引戴望舒译文均来自《戴望舒译诗集》，湖南人民出版社，1983年。

涩，读之更像是在经历一连串的噩梦。洛尔卡是在1929年赴美国哥伦比亚大学访问学习的。在繁华纽约，他看到的是：

> 街上充满了蹒跚而失眠的人
> 好像刚从遇到血的灾难的破船上登岸。（戴望舒译）

每每在城市的上下班高峰时段，望着大街上、公交车里、地铁换乘站中那些疲惫不堪、面无表情的人，那如潮水般在不能回头的路上缓慢行进的"僵尸大军"，我就会想起洛尔卡的这两句诗。现代世界的都市生活，一方面是商业广告、励志片、偶像剧里所呈现的那个精致、富足、让人开开心心去"奋斗"的世界，另一方面则是艺术家用扭曲的形状、凌乱的色彩、刺耳的音符展现出来的丑陋而不安的世界，一如洛尔卡笔下的纽约的黎明：

> 纽约的黎明
> 是四条烂泥柱子
> 是一阵给污水沾湿的
> 黑鸽子的风暴。（戴望舒译）

无论是"深歌"还是吉卜赛谣曲的形式，都难以再现这样一个高度发达也高度异化的现代世界了。《诗人在纽约》

这部集子构成了洛尔卡所有诗作中的一个特例，被认为是一部超现实主义的杰作。

我曾经在美洲的土地上偶遇洛尔卡。几年之前，墨西哥城，在墨西哥外交部大楼办完事出来，就在大楼旁边一座古老教堂的外墙上，我发现了洛尔卡的头像，摆放在墙内一个好似壁龛的拱形空间里。那条街道便叫作加西亚·洛尔卡街。1936年西班牙内战爆发时，洛尔卡本是可以和他的文艺界朋友们一道流亡墨西哥的，当时的墨西哥政府立场鲜明地支持正在与佛朗哥叛军作战的西班牙共和国，慷慨接纳西班牙流亡者。曾经公开表达过对共和国政府的支持、在性取向问题上令保守派憎恶的洛尔卡，几乎已经被列入了死亡名单。在危机四伏的关头，诗人却选择回到故乡格拉纳达度夏，被法西斯匪徒从他的长枪党朋友家里带走枪杀，尸体被草草掩埋，至今不知下落。洛尔卡之死成了一个标志性事件。当这位深受人民爱戴的诗人与殉难的平民们一道成为集体尸坑中的无名尸体时，诗人的受难代表了全体人民的受难，法西斯的残忍表露无遗。

在遇害一年前，洛尔卡曾为他壮烈死去的斗牛士朋友作了一首题为《伊格纳西奥·桑切斯·梅西亚斯挽歌》的长诗。梅西亚斯是久负盛名的斗牛士，本已离开斗牛的事业，但因为不愿老死在病床上，就选择了血溅黄沙的最终归宿。生若夏日之绚烂，死如秋叶之静美。诗的开篇以"在下午五点钟"的回旋往复，如全息照相机般记录了死亡瞬间发生的一切，表现了一个壮美的死亡。诗人是否已经隐约预感到自己死亡的迫近呢？挽歌是这样结尾的：

> 我们将等待好久，才能产生，如果能产生的话，
> 一个这样纯洁，这样富于遭际的安达卢西亚人。
> 我用颤抖的声音歌唱他的优雅，
> 我还记住橄榄树林里的一阵悲风。（**戴望舒译**）

颤抖的歌声、橄榄林的悲风、吉他琴的呜咽，如今都已成为永恒。

大众凶猛

被称为"中国最后的贵族"的章诒和曾在她的一本书中不无幽怨地引用过一句名言:"创造和领导着文明的,历来就是少数知识贵族而不是群体。群体只有强大的破坏力。"此句出自古斯塔夫·勒庞的《乌合之众:大众心理研究》一书。任何熟知历史尤其是中国历史的人都不会忽视群体的力量,不论这种力量是被定义为破坏力,还是创造力。除了"群体"之外,"人"的复数形式还有许多:群众、人民、民众、大众……在中文语境中,这些词之间是有微妙的差别的,不论是在政治意义上还是在学术意义上,混淆它们都是危险的。而在今天这个时代,新的群体概念随着通讯技术的巨大变革而出现:"网民",或者"网友",正在我们的公共空间中发挥着越来越显著的作用。这些用键盘来表达感情、用鼠标来肯定和否定的人,这个隐藏在虚拟空间中的庞大群体,会彻底颠覆人类惯有的公共生活方式吗?他们将成为一个没有中心、没有精英、超级扁平的未来社会的前兆吗?在发出这些疑问时，回顾一下前人关于群体——大众问题的经典，不论其对今天这个时代的预言精准与否，总归是有趣的。

相比于勒庞的《乌合之众》，西班牙哲学家何塞·奥尔特加·伊·加塞特的《大众的反叛》在中国或许不那么有名，然而无论是在西语世界还是在英美主流学术界，这本书都被视为20世纪最重要的社会学经典之一。它最初以系列文章的形式陆续发表在西班牙《太阳报》上，1930年正式成册出版。尽管作者在书中不时谈到西班牙本国的社会政治问题，他的出发点始终在欧洲，表现出对整个西方文明前途的关心。20世纪的西班牙，兼具国际视野和出色的雄辩力、能与同时代的西方一流思想家展开对话的哲人并不多，奥尔特加无疑是其中最杰出的大师。

在百度的搜索栏中输入"大众"一词，跳出来的条目几乎全都与汽车相关。百度百科直接将"大众"词条导入"大众汽车"。根据其解释，Volkswagen诞生于纳粹德国，意为"国民的汽车"或"人民的汽车"。奥尔特加的"大众"则与Volkswagen没有半点关系，尽管作者在书中多次提到汽车这一标志着现代生活的崭新工具。大众（masas）这个词，在西班牙语中还可指"团块""面团"。我们不妨想象一下如同面团那样聚集的一大群人——他们是均质的，无差异的，彼此相似的，没有谁比谁更突出。他们面无表情地聚集在一起，茫然不知自己的命运——是被做成面包还是被做成馒

奥尔特加·伊·加塞特（Ortega y Gasset，1883—1955）

头。事实上他们没有能力决定自己的命运，只等着一股外力来作用于他们。在《大众的反叛》中，奥尔特加分别在数量和质量的意义上定义了"大众"的概念。社会，作为一个动态联合体，由两个要素组成：少数人和大众。前者是"有资质"的人或群体，后者是没有特殊资质的人的集合。从质量的意义上讲，大众就是"平均的人"(el hombre medio)，这样的人具有常人共有的品质，他与其他的人没有区别，他的自身就是对一种普遍类别的重复：平均的人拥有一模一样的欲望，一模一样的想法，一模一样的生活方式。（在这点上，奥尔特加的"大众"倒真的与 Volkswagen 有相通之处了：关于"神车"的一个神话是，大众品牌的好多车型都长得差不多，你能一眼分清帕萨特、辉腾和速腾吗？）

考虑一下这部经典成书的时代背景，我们很容易联想到工人运动。在当时的整个西方世界，一方面是此起彼伏的经济危机，一方面是苏俄革命的持续影响，工人阶级的权利诉求表现得越发激烈，工会的影响力也越来越大。当工人们成群结队上街高呼"打倒XX"的口号、做出破坏性举动时，仿佛就构成了一幅"大众的反叛"的图景。然而，奥尔特加在书中重复指出，"大众"并不特指工人大众，它并不是一个特定的社会阶级，而是存在于所有的社会阶级中。不论是劳动者，还是资本家，甚或知识分子，都可以是"大众人"(hombre-masa)。他们由 19 世纪的自由民主和技术进步所造就，就像是一批被宠坏的孩子，像原始状态的野蛮人那样，在享受文明成果的同时却要摧毁这个文明赖以生存的根基。他们不愿再受贵族精英的领导，而要自己为自己做主，也就是说，反抗自身的命运，脱离既定的轨道，随波逐流，然而并不知道通往何方，这就是大众的反叛。

奥尔特加在书中驳斥了斯宾格勒的"西方没落"说。在他看来，西方并没有没落，不论是人口的激增，还是生活条件的巨大改善，都表现出前所未有的盛世迹象，以至于这个时代不仅丝毫不感受到自己的没落，反而自信心爆棚——它自认为好过所有的过去的时代，一切"古典"都不足以作为参照了；它的力量强大得令它自己都感到恐惧，它不知自己要往哪里去。与其说"西方的没落"，不如说"贵族的没落"。大众正在替代贵族，成为时代的主宰，西方文明将因为这么一批盲目的、不知自己界限所在的人走向崩颓，这才是真正的危机所在。"在整个欧洲，乃至于整个世界，我们越来越清楚地看到，大众无法让自己在任何一个层面上接受领导。"因此，作者发出了这样的希望："在我们这块大陆即将迎来的艰难时刻，或许时代会遽然担起心来，愿意在某些特别紧迫的问题上接受优秀的少数人的领导。"

贵族－少数人－精英与大众－多数人－庸众的分野，是奥尔特加思想中饱受争议之处。在左派看来，这不是贵族老爷的思想吗？回望一下奥尔特加发表于1921年的著作《无脊椎骨的西班牙》，这种思维定式已显露在他对本国问题的剖析中："西班牙历史的巨大不幸就在于杰出的少数人的缺失和大众的帝国的长存。"西班牙的每个时代都缺乏脊椎骨——一个强有力的精英集团的领导，以至于这个民族松松垮垮，积贫积弱，到了20世纪面临分崩离析的危险。奥尔特加推崇的是英国式贵族——其可贵之处，绝不是骄奢安逸的生活，而是严于律己、奋发进取的品质。在《大众的反叛》中，他引用歌德的名言来佐证："生活舒适是平民的愿望，高贵的人追求秩序和法律。"贵族就是有愿望和有能力担负起领导历史的重任的人。他们充满生气和动力，乐于接受外来的压力，而大众则与之相反，充满惰性，倾向于封闭自我。贵族的衰落、大众的兴起，致使一个怪物变得前所未有的强大——国家。

文明创造了国家这个工具，"大众人"却把这个工具当作是自然派生而非人造之物，并且将自己与"国家"等同。从词源上说，国家（el estado）意味着生活的静止（estatificación），而这正是文明面临的最大威胁。大众的反叛，不论是诉诸暴力，还是绕开常设政治机构的"直接行动"，其最终的形式就是"静止"。充满生气的自由民主生活，退化为万物噤声的政治生活。国家会侵入社会的每一个细胞，会逐步压制个人的独立和自由，最终使血肉丰满的西方文明成为一具空壳。在这里，奥尔特加针对的是以墨索里尼为代表的法西斯极权主义。他的分析或多或少地预言了欧洲即将迎来的灾难：纳粹政权不正是由自认为掌握了真理的德国民众投票选出来的吗？野蛮在"国家"的外衣下重新获得了统治权，一大群盲目的人终于由一小撮疯子引领，走上了毁灭文明之路。

在《大众的反叛》中，奥尔特加关心的始终是欧洲的命运。在他看来，欧洲领导世界，好比于精英领导大众。有"大众人"，也有"大众民族"。一战造成的一大恶果是，作为欧洲核心的英、法、德衰落了，而那些没有能力领导自己的"大众民族"摆脱了原有帝国的统治，也开始鼓吹各自的民族主义，欧洲陷入了"道德崩溃"（desmoralización）的混乱境地。欧洲正如奥尔特加所观察到的西班牙那样，一下子没了主心骨，缺乏目标，对未来没有规划。奥尔特加并不看好大有取代欧洲、领导世界之势的两个新兴强国：美国和苏联。他呼唤欧洲建立起一个国与国的联合体，乃至一个统一的国家——欧罗巴合众国，以此宏伟计划抗衡苏俄正在实施的"五年计划"。欧洲国家应当捐弃前嫌，曾有的惨烈争斗并不是通向统一的障碍，因为决定着新国家的组成的，是共同的未来，而不是过去。建设一个统一欧洲的愿景，这样一项具有光辉前程的伟大事业，可以让过去的敌人成为盟友，可以把分散的权力凝聚起来，从而保证欧洲继续强大并担负领导世界的重任。站在今天来看，奥尔特加的"欧洲梦"已经部分实现了。

《大众的反叛》不仅是一部哲学、社会学、政治学意义上的经典,也可视为一部优秀的散文作品。在西班牙文学史上,奥尔特加是在九八代作家和二七代诗人之间承前启后的关键人物,他的哲学散文树立了一种美学典范。加西亚·洛佩兹的《西班牙文学史》是这样概括奥尔特加的风格的:文笔准确而优美,善用比喻,因而让艰深的哲学理念接近普通读者,以及用词简练、造句考究。这一切使得阅读奥尔特加·伊·加塞特成为美感和心智上的双重享受。

"这不是女人,这是一幅画"

有这么一段逸事,是贡布里希在他的艺术史论著里反复引用的:马蒂斯画了一幅肖像,一位妇人看过后告诉他说,她觉得画中那个女人的手臂看起来太长了,马蒂斯回答说:"夫人,您弄错了,这不是女人,这是一幅画。"

观画者说了外行话,因而被艺术家鄙视了。马蒂斯的回答简单至极,却道出了艺术的真谛:艺术不在于模仿;艺术是表现的形式,不能等同于艺术所表现的东西。东坡有诗云:"论画以形似,见与儿童邻。"并不是不要形似。若是单单追求形似,艺术就似乎永处在幼稚的水平,不能升入高妙神逸之境。自文艺复兴以来,西方造型艺术对如何真实表现自然进行了不倦的探索,至印象派而臻于极致。20 世纪初,一批青年艺术家开始大胆挑战传统的写实主义,以光怪陆离的形式重新塑造了艺术的面貌。对于大多数人来说,他们的作品是难以理解的,直到今天依然如此。人类的视觉认知方式并没有因为艺术革命而有大的改变。古典绘画中的光洁裸女依然可以激发起少男的蓬勃欲望,但很少有人会对毕加索创作于1907年的《亚威农少女》产生生理上的兴趣,尽管那也是一群裸女。

亚威农少女多少还属于可以辨识出来的形象,至于毕加索后来画得支离破碎的小提琴,或是蒙德里安的方格形色块,或是康定斯基的充满神秘的彩色线条,则更让人不知其所以然了。这些艺术家都疯了吗?在那个传统的势力依然强大的年代,怎样来解释这种新艺术现象呢?西班牙哲学家何塞·奥尔特加·伊·加塞特写于1925年的长文《艺术的去人性化》[1]为我们解读新艺术的奥秘提供了一把钥匙,尽管它不是唯一的钥匙。这篇充满了睿智分析和幽默比喻的文章成为20世纪西方美学最经典的文献之一。

有句话大概算是老生常谈了:"艺术是反现实的。"这句话可以这么理解:艺术家对现实怀有强烈不满,厌恶这乌烟瘴气的人间世界,因而或在艺术中批判性地表现这个现实世界的丑恶,或在艺术中再造一个比现实更美好的世界,或在艺术中营造一个与现实毫无关系的世界。凡此种种,都看重艺术家与社会生活的紧密联系。这句话还可以这么理解:艺术反对表现现实。艺术应当抛弃现实的重负,回归到艺术形

---

[1] 奥尔特加·伊·加塞特,《艺术的去人性化》,莫娅妮译,译林出版社,2010年。

式本身。这是奥尔特加对新艺术的一大发现。

在这篇名文中,奥尔特加打了一个非常生动的比方:当我们隔着窗玻璃凝视窗外的景物时,玻璃越洁净,我们就越不能注意到窗户的存在。当我们转而注意看窗玻璃时,窗外的景物就显现成一团模糊的色块了。我们的视觉系统要么只能看到窗外,要么只能看到窗玻璃。在奥尔特加看来,大多数人是在艺术作品这扇窗户中看到了丰富多彩的人类生活,而看不到艺术作品本身;这也是19世纪艺术的通病:太多的现实,太多的日常生活,纯艺术的因素减少到最低。这样的艺术人人都能欣赏,因为要看懂这样的艺术,无须特别的训练,只要拥有人生经验就足够了。这就像今天的我们看电视连续剧,大家一起看,大家齐吐槽,一部没有让臭男人和小三获得悲惨下场的作品必定不是好作品,常人都是在电视剧中体验生活。这绝不是真正的艺术欣赏。

真正的、纯粹的艺术欣赏,应当是抛弃掉所有非艺术的因素的。奥尔特加指出,新艺术尽管表现各异,却表现出一种共同的艺术观、一种新的感受方式。这种新方式,是"去除自然形态之后"的,是"绝对的美学感受"。"我们说艺术缺乏人性,并不只是因为它不包含人性化因素,更是在于它一直积极地去除人性化因素。"新艺术的要旨在于:"画出一个人,而尽可能地让他不像一个人;要画一栋房子,却只保留必需的要素让我们能看清它的变形过程。"新艺术家重新发现了艺术:"美学享受来自于对人性化因素的征服。"更精彩的说法:"看似古怪的新艺术再次找到真正的艺术之路了。因为这条路就叫作'风格意志'。风格化就是扭曲现实、淡化现实。风格化就意味着去人性化。反之,要去人性化就只有风格化一种方法。"由此我们可以联想到艺术史上争论已久的一些有趣问题,比如,古代器具上的装饰纹,是不是从模仿自然到形成固定图式,经历了一个从具象到抽象的过程?将人形拉得悠长的"矫饰主义",算是文艺复兴衰落期的表现,抑或是新的艺术思维的先声?

奥尔特加无疑是深入到艺术的内部来发现新艺术的特征的。在他写作的年代,面对年轻艺术家们的离经叛道之举,批评家们给出了多样的解释。有人认为这是西方文明衰落的先兆,有人认为这是资本主义腐朽的展示,有人认为这预示着民众胜利时代的到来……奥尔特加则冷静地站在艺术史的角度上来看新艺术运动。他指出,"在艺术中,一切重复都是没有价值的。"浪漫主义、现实主义和自然主义的表现手段皆已用尽,年轻艺术家不可能再复制旧艺术形式的失败。他们因为厌恶这过于强大的传统而选择彻底颠覆传统。然而,这并不等于否认艺术发展的全部历史,这是符合艺术发展的逻辑的:"艺术就像道德一样,不可能随心所欲;我们应当接受时代交予的使命。"他在五年后发表的另一部名著《大众的反叛》中有与之类似的话。被他寄予引领时代的希望的少数精英，就是自觉地服从时代使命，而不像盲目的大众那样随心所欲而不知所向。

看似矛盾地，奥尔特加在文中提出了发人深省的问题：厌恶艺术中的人性化元素，是对人性、对现实、对人生的厌恶呢，或者完全相反，是出于对生命的尊重而不愿意将它与艺术这种无关紧要的玩意儿混为一谈呢？这一问题牵涉到一个宏大的命题：艺术的自主性。

奥尔特加写道："看得出，新艺术最讨厌的就是界限的模糊，新式科学、新式政治、新式生活也是如此。希望事物之间界限分明，是头脑清楚的表现。"在过去，人们相信真、善、美是统一的，艺术往往与宗教、政治等功能混同，并没有独立的地位。艺术或可用来认识鸟兽草木，或可用来宣扬教义，或可用来树立政治权威，对艺术作品高低优劣的评判，往往受制于艺术以外的规律。在现代性的进程中，随着科学、伦理和艺术之间界限的日益清晰，艺术始获得了自主性或曰自律性。用哈贝马斯的话来说，人的认知-工具理性、道德-实践理性和审美-表现理性终于有了明确的区分。

艺术在独立的同时，也失去了其惯于含有的深刻意义。艺术不再为人类命运之类的宏大命题担负责任。"新艺术的所有特点都可以归结为它的无关紧要。"奥尔特加如此写道。正因为艺术家意识到艺术不是多么神圣重大的事，他们才终可以完全自由地投入创作。"如今的艺术已滑向了边缘。艺术的自身特征并没有改变,它只是被拉远了,变得次要了,也变得更轻松了。"这就是现代主义艺术的宿命吗?后来者看到,现代主义艺术并没有走向彻底的边缘化,而是经历了一个相当复杂的历程。在一些国家,出于政治原因,它被压制乃至被禁止。在另一些国家,同样出于政治原因,它受到赞许和鼓励,被用作标榜自由、反抗极权主义的工具。奥尔特加努力要理解的这些年轻艺术家终于老去,其中的些许幸运儿从秩序的颠覆者转而成为新的权威,开始面对新一代艺术家发起的挑战……

奥尔特加关于艺术去人性化的著名论断,不可能不对当时艺术家的创作产生影响。比如西班牙二七代诗人的"纯诗"创作,那种纯粹而决绝的"为艺术而艺术"的倾向,论其师承,绝不能忽略奥尔特加的思想。艺术去人性化的论断也招致了不少批评,如秘鲁马克思主义理论家马里亚特吉就指出,奥尔特加的理论应当对一些误入歧途的艺术家负有责任,这些人天真地以为艺术真的可以脱离于政治,逃避现实,从而在不得不做出抉择的时刻沦为反动派。豪塞尔在他的艺术社会学论著中谈到奥尔特加的那个看窗外还是看窗子本身的著名比喻,指出"装上窗子还是让人朝外看的"。这近百年来,真正能在对艺术纯粹形式的欣赏中得到愉悦的人有几多呢？那些"就是为了让人看不懂"的艺术家和自称"看懂了"的人，真的都是奥尔特加所认为的高居庸众之上的精英，还是掺杂了不少欺世盗名之徒呢？"艺术化的艺术"自以为能在纯美的领域中摆脱重量而飞升，于今或逸入图像泛滥的日常生活中而不见，或消解于疯狂消费之中，出于这样的现实，周宪在《艺术的去人性化》中译版序言中提出："当艺术彻底被当作一场游戏时，当艺术卸去了一切重负之后，它是否又面临着一个让人更加不安的不可承受之轻呢？"这些问题的提出，并不在于贬损奥尔特加的创见，它们同样有助于我们进一步思考一个无解的宏大问题：艺术究竟是什么？

拉美文学经典系列

没有韵脚的美洲民族史诗

1977年,乌拉圭军人独裁政权决定为该国民族英雄何塞·阿尔蒂加斯竖立墓碑,以资纪念。为了让纪念碑好看一点,军政府试图找一些英雄的名句铭刻其上,却发现句句都充满危险,如"权力来自于人民,也止于人民",如"最不幸的人应当成为享有最多特权的人"……最后,他们只好让英雄沉默不语。在落成后的墓碑的黑色大理石墙面上,除了日期和名字,什么都没有。

这是乌拉圭作家爱德华多·加莱亚诺在他的《镜子:照出你看不见的世界史》一书中讲述的一个小故事。独裁政权专事于抹煞记忆、否定过去,为的是维持暴政及其一整套不公正秩序。反抗强权、保有良知的作家则力图拯救记忆。"人与政权的斗争,就是记忆与遗忘的斗争。"米兰·昆德拉在他的《笑忘录》一书中如是说。与昆德拉一样,1970年代初,加莱亚诺也遭遇了被迫流亡的命运,从他的让民族英雄阿尔蒂加斯也噤声不语的祖国出逃,辗转来到大洋彼岸的西班牙，过着穷困而不安的生活，却幸而还能继续用西班牙语写作。在这个旧的殖民地宗主国的图书馆里，他开始潜心创作一部回溯美洲千年历史的巨著。在此之前，他出版过被誉为"纪实版的《百年孤独》"的《拉丁美洲被切开的血管》一书。此书揭露了拉美大陆长期遭受不公正的国际经济秩序和本地暴政的压迫的事实，被拉美各国军人独裁政府列入禁书清单，因之而名声大噪，成为加莱亚诺最有力的代表作。而他在流亡西班牙期间写成的《火的记忆》，则成为他的创作生涯的又一个高峰。

在这套三部曲巨著的自序中，加莱亚诺对历史哲学做了一番简短的思考，深刻而不乏幽默。他说："我在做学生时，历史学得很糟糕。历史课不过是参观蜡像馆或陵园而已。过去是静止的、空洞的、沉默的。"在他看来，这是所谓的"官方历史"，灌输这些受到歪曲的、遭到背叛的过去为的是让今人屈服，今人只有被动地接受这些既成的过去。而他在《火的记忆》中要做的，则是尝试"把气息、自由和词语还给历史"。因为"几百年来，拉丁美洲不仅被掠夺了金、银、硝石、橡胶、铜和石油，它的记忆也不幸被霸占了"。他明言："作为作家，我想为拯救整个美洲被劫持的记忆出一份力，特别是拉丁美洲这块被歧视的亲爱的土地；我想和她交谈，分享她的秘密，问问她，她诞生于何样的丰富的泥土，又来自于何样的爱欲与强暴之行。"

爱德华多·加莱亚诺(Eduardo Galeano,1940—2015)

正是怀着这样一种带有主观感情色彩而不失冷静的态度,作者投身于美洲千年历史的重塑之中,描画那些或被遗忘、或被蒙蔽、或被抹黑的真实的人物,串起一个个意味深长的小故事。

所有胸怀塑造美洲历史的雄心的人,首先都必须面对时间维度和空间层面的定义问题:美洲的起源该从哪个时代算起？美洲究竟囊括了哪些地方？

美洲的概念并非一句话就能说清楚的。它的名字（América）来源于"发现"它的意大利航海家的名字，因而也永远摆脱不了殖民地的意味：美洲的意义是欧洲人赋予的；在欧洲人到来之前，它并不存在；拜欧洲的探险所赐，它才得以诞生。经过美洲去殖民化的漫长进程，随着考古学的历次发现和美洲先民历史研究的不断深入，今天的我们知道，美洲由欧洲创造的观点是错误的，在西方殖民者到来之前，美洲大陆上不但已经有人类居住，而且还存在着或曾存在过高度发达的文明。与西方人创世的宗教故事、中国人开天辟地的远古神话类似，美洲先民也拥有关于世界起源的神话传说，以及与之密切相关的一整套关于宇宙、自然和人的哲学思想体系。这些文化遗产曾遭受过欧洲殖民者的野蛮毁坏和蒙蔽，却不绝如缕，留存世间，成为后人藉以重塑身份的重要财富。

《火的记忆》这部史诗的开端，就是以"最初的声音"为章节名的、美洲诸土著文明关于创世、关于世界之初的传说：太阳和月亮的故事、银河的诞生、大洪水、玉米造人……由此可见，美洲的土地上，关于世界起源的人类想象是丰富多彩、生气勃勃的，如彩虹般绚烂夺目，而非否定历史的人所认为的那样：在欧洲人到来之前，笼罩着这块土地的是黑暗和蒙昧。

美洲绝不是单一的、贫乏的。América绝不仅仅是美国的代称。人们通常把美洲看成两个对立的世界：富裕发达的北美相对于贫穷落后的南美；或是信奉新教、实用主义的英语美洲相对于笃信天主教、享乐至上的拉丁语系美洲。事实上，美洲还有好多容易被忽略的角落：讲英语的加勒比海诸岛国、狭小而不安宁的中美洲诸国、坚持讲法语的加拿大魁北克地区……美洲诸国之间若想取得一致的认同，是困难重重的。美国推动的自由贸易一体化计划难以得到拉丁美洲的热烈响应，拉美各国之间也心存芥蒂，难以圆玻利瓦尔的西语美洲统一之梦。不可否认的是，拉美各国的知识分子多怀有强烈的拉美认同感，其民族主义理想往往超越了本国的界限。而《火的记忆》更是把北美和加勒比海都纳入宏大的美洲史诗中，这种努力在一开始就得到了体现：在美洲神话单元，温哥华岛（今属加拿大）印第安人关于潮汐的传说之后，紧接着的就是安第斯山（今属南美诸国）印第安人关于大洪水的神话，然后又是瓦哈卡谷地（今属墨西哥）印第安人关于乌龟的故事。它们共同构成美洲的"最初的声音"。

神话之后，殖民征服开始了。此后的千百个小故事以时间为序，涵盖了自1492年至1984年的美洲历史。每一个小故事都在开头标明时间——故事发生的年份，以及地点——故事发生的城市，在末尾附上可查该段历史源出何处的尾注，形成一段完整的叙事。这些故事看似各自独立，却是内在地相互呼应的。一如《拉丁美洲被切开的血管》充满了对掠夺和不公的控诉，《火的记忆》所讲述的美洲史也是充满血泪的，既非田园牧歌的创世神话，也非慷慨激昂的胜利颂歌：充斥五个世纪"新世界"历史的，是征服、压迫、侮辱，以及反抗、斗争、觉醒。它们构成了这部史诗巨著的主题。

出现在这幅历史长轴中的人物，既有广为人知的帝王将相，也有无数无名的底层民众，特别是那些长期被遗忘的人们：在16世纪中叶的巴拉圭，在征服战争中被西班牙人虏获的印第安妇女受尽折磨和凌辱。她们为西班牙军人做饭、织衣，她们被扒光衣服充当西班牙人牌戏的赌注，她们被迫为他们的性欲提供发泄的渠道。她们也是危险的女人：她们中有人或上吊或吃土自尽，有人拒绝给新生下来的混血孽种喂奶，有人在枕边对征服者痛下杀手……在19世纪的太平洋战争中，智利军队攻入秘鲁都城利马，高唱凯歌的士兵中竟有中国人的身影：原来他们是被奴隶贩子从中国广东沿海一带骗来的穷苦农民，抵达美洲海岸后就如牲口一样被贩卖，沦为秘鲁大庄园里的农奴，受尽艰辛。战争爆发时，他们纷纷加入秘鲁的敌人的队伍，狠狠报复那些曾经压迫自己的人……

尽管加莱亚诺在西语世界拥有颇高的知名度，他的名字却鲜在拉美文学史教科书上被提及，主要原因还在于他的作品难以定性，使得谨慎的文学研究者不敢犯原则性的错误。它们算是文学还是历史？它们是小说，还是诗歌，还是报告文学？事实上，作者创作的初衷，即在于突破体裁的、形式的限制，让文本在后现代式的含混中得到解读，获得相对的、多元的意义。也是在《火的记忆》的自序中，作者坦言："我并不知道，这众声之中的声音该属于哪种文学体裁……我并不相信那些文学的海关检查员设定的用来区分体裁的疆界。"

因此，《火的记忆》并非严格意义上的史诗，它没有齐整的诗节，更没有韵脚。但不可否认的是，这部以叙事形式为主的作品是处处体现着诗的意味的。这种诗的意味，在于言有尽而意无穷，在于以反讽、戏谑的方式描画历史真实。

如讲述1847年美墨战争的尾声，美国侵略军攻入墨西哥城："征服者们挺进首都。墨西哥城：八个工程师，两千个教士，两千五百个律师，两万个乞丐。"极为简洁的一组数据，不仅概括了墨西哥的贫穷落后，也暗示了墨西哥战败的深层原因：宗教机构和官僚系统的臃肿，以及科技文化的严重滞后。至于更多的深意，读者完全可以掩卷细思，作家点到即止。

再如另一个发生在1980年、作者的故乡蒙得维的亚的故事：乌拉圭独裁政府破例发起一次全民公投，结果无人响应，仿佛乌拉圭民众都已在多年的独裁中养成了沉默的习惯。然而独裁政府还是假惺惺地摆出一副征求民众意见的姿态，"正如一个厨师要让他刀下的母鸡开口说话，告诉他想在进入食客口中时拌上什么酱料。"事件是真实的，当事人也是真实的，而这个比喻则出自作家的妙想，辛辣地揭露了事实的本质。

或许，只有当一个人远离故土的时候，他才获得了能看清故土的最佳时机。这是许许多多流亡作家的共同体验。加莱亚诺是隔着大西洋塑造美洲的历史记忆的。然而，在创作的天地里，他并不有意将自己与他深爱的土地隔开，看似冷静的叙事，蕴含着的却是真挚的感情。"现在，我比以往任何时候都更为自己生在美洲而骄傲，这块狗屎一样的地方，这块充满奇迹的地方……"作者在书的末尾致编辑的信中这样写道。无论美洲是如何的多灾多难、暴力横行，也无论它是如何的美轮美奂、丰饶富足，它已经成为作者生命的一部分，被赋予了超越所有狭隘民族主义的大爱。《火的记忆》便是这爱的明证。作者带着这部作品结束了他的流亡生涯，终于回到了经历浩劫而获重生的乌拉圭。

性、权力与现代化

我记得 2009 年冬天,《蜗居》上映之后火得一塌糊涂,以至于我在自己的拉美文学选读课上还提到这部电视连续剧。学生们的反应则令我哭笑不得。我记得有个女生幽怨地说了一句:"哎,宋思明好可怜呀!"她的意见得到好几位女生的力顶。对于这些涉世未深的妙龄女孩来说,男主人公宋思明集中了理想男人的几乎所有优点:帅气、成熟、睿智、有钱、有品位、有情调……可惜就是个贪官。现实中确实有极富男性魅力的贪官,贪污腐化的本质往往被其迷人的外表所掩盖,以至当正义终于来到时,美男贪官的下场竟具有了悲剧的意味。

如何透过现象看本质地反腐败大概是属于思想政治领域的话题,令文学研究感兴趣的,则是性与权力之关系的话题。《蜗居》中宋思明对郭海藻的征服,从某种程度上说,是权力对弱女子的征服。不过,也许是出于导演的谨慎,宋第一次将海藻带到别墅中强迫与之发生关系的那场戏,实在是一场仓促而乏味的"征服",远不如《公羊的节日》高潮部分的那段惊心动魄的描写。

《公羊的节日》[1]是秘鲁－西班牙作家、2010年诺贝尔文学奖得主巴尔加斯·略萨于2000年发表的一部长篇小说,曾被改编成同名电影,于2005年首映。在我看来,这部电影不如原著精彩。略萨讲故事的方式本就像放电影:多条叙事线索,场景在此时与彼时间灵活切换,大量的人物对白,所有的动作都极富画面感……

故事围绕着1961年5月多米尼加共和国独裁者拉斐尔·莱昂尼达斯·特鲁希略(1891—1961)遇刺身亡事件展开,真实的历史人物与虚构的角色交织在一起。大多数国人可能对这个加勒比海岛上的遥远国度知之甚少,不知书中描绘的那个特鲁希略时代几分是真,几分是假。读中译本的好处是,我们可以凭脚注的有无判断人物的真假:大概那些被标出生卒年份、有所解释的人物都是真实的,除此之外便是由略萨创造的。特鲁希略是真实的,被特鲁希略打入冷宫的参议员卡布拉尔及其女乌拉尼娅是虚构的。然而,那个时代的独裁者的淫威、臣子的提心吊胆、人民的痛苦与愤怒,则完全是真实的。

---

[1] 马里奥·巴尔加斯·略萨,《公羊的节日》,赵德明译,上海译文出版社,2009年。

巴尔加斯·略萨（Vargas Llosa，1936— ）

略萨似乎总是跟独裁者过不去，无论是小说创作还是论文写作，他对专制、腐败、滥用权力的批判从来都是不遗余力的。他讽刺过秘鲁军政体制，揶揄过墨西哥的一党独大，人气颇高的委内瑞拉前领导人查韦斯和玻利维亚总统莫拉雷斯也都被他抨击过。1990年，略萨角逐秘鲁总统竞选，惜败于老谋深算、人气暴涨的藤森。陈众议先生曾指出，《公羊的节日》一书中有许多细节实是影射作者的老政敌藤森总统的。

特鲁希略确曾在拉美独裁者列传中留下不少传奇。他每天都往脸上抹漂白粉，以掩盖自己的母系非洲血统；他用自己的名字给首都重新命名；他的家族企业甚至垄断了国民的日常生活用品；他给自己从未上过战场的长子授予将帅军衔……略萨在小说中并未漏过这些细节，不过他所塑造的特鲁希略给人留下最深刻印象之处，还是他的荒淫无度。他虽年事已高，却性欲不减，以玩弄部下的老婆为乐，而许多多米尼加女人竟以曾与元首睡过觉为荣。部下们为了得到元首的宠幸而明争暗斗，如一众妻妾般争风吃醋，虽然时不时就遭到元首的羞辱痛骂，他们却如同色情受虐狂一般享受如此殊荣，正如作者借乌拉尼娅之口发出的批判："特鲁希略把你们心中的受虐情结给发掘出来了，你们属于那种喜欢受人唾弃和虐待的人，只有感到卑鄙下流，你们才能实现自我。"

这实在是极权社会中"成功者"的一种变态心理：以

失去尊严为荣。所谓"人至贱则无敌"。凯特·米利特在她的《性政治》一书中将两性关系与政治关系联系起来，发现二者在本质上的共通之处。在男权制文化中，权力的定义不仅包括统治女人的能力，也延伸到优越男性对劣等男性的控制。"作为受优越男性支配的人，劣等男性和女性一样，也必定是臣服者。"我们从略萨的描述中可以看出，特鲁希略是带着色情的眼光看待臣服于他的男人们和这些男人的女人们的。他在乎自己的性能力，不仅因为性给他带来生理上的快感，更因为性能力就是掌控他人的能力——控制一个人，迫使其俯首称臣，使其以贱为荣，如同在床上野蛮征服一个弱女子，性能力的强大和持久代表着权力的强大和持久。整个多米尼加共和国都在被这个极权者蹂躏、羞辱，还必须表现出心甘情愿的样子。小说印证了《性政治》里的这么一句话："统治的本质就是色情的。"

然而，正如男人的性能力终有衰弱之时，个人的权力也并非永恒的。从没有老而不死的当权者。作者虚构了乌拉尼娅这个不幸的女孩，让她出现在独裁者的卧房里，成为预示元首大限将至的一个凶兆。穿着挂满勋章的帅服、发表激情爱国演说的伟大领袖被作家扒光了衣服出演床戏，本就具有某种喜剧意味了，更具讽刺意味的是床上征服的失败：面对这个骨瘦如柴的少女，无往不胜的元首、七十岁的特鲁希略没能成功勃起，恼羞成怒，只得用手拙劣地实现了当晚"破处"的雄心，留下一摊污血。几星期后，他遇刺身亡。

所谓"公羊的节日"（La fiesta del chivo），"公羊"（el Chivo）是特鲁希略的绰号，"节日"（fiesta）一词也可译为"欢会"或是"派对"。出现在小说最后部分的这场荒诞而惨烈的床戏，便是仅有元首与乌拉尼娅两个人的派对。乌拉尼娅的父亲原是元首的宠臣，不知何故突遭革职，陷入前所未有的焦虑中。为了向主子示好，他采纳了一个坏朋友的建议，将自己疼爱至极的亲生女儿送给元首"享用"。"难道参议员阿古斯丁·卡布拉尔能把她当成活祭品献给伟大领袖、祖国的大救星和大恩人？是的！"这场成为乌拉尼娅终生痛苦记忆的派对，野蛮而血腥，如同美洲远古时代的活人献祭仪式。如此野蛮行径，发生在文明昌盛的20世纪60年代。

"文明与野蛮"是拉丁美洲自由主义知识分子念念不忘的议题。阿根廷作家、政治家萨米恩托（1811—1888）所著《法昆多：阿根廷潘帕斯草原上的文明与野蛮》一书可视为鼓吹拥抱文明、拒斥野蛮的经典著作。该书所描绘的大军阀法昆多，就是一个曾在阿根廷的乡野间为所欲为的暴君。萨米恩托的理想，是阿根廷抛弃以法昆多为化身的野蛮、落后、愚昧的状态，仿效欧美一流强国建立完备的政法体制和教育制度，成为真正的文明国家。在拉美自由主义者们看来，法昆多未曾远去。尽管自1980年代开始，民主化浪潮席卷拉美地区,以藤森、梅内姆为代表的所谓新"民众主义"领导人仍是独断专行、贪图永久权力的政治枭雄。自由主义者略萨将他的政治态度也掺进了小说中。在《公羊的节日》中,他屡屡展示独裁者"野蛮"的一面:专断、残暴、滥情,还像所有野蛮人那样"喜欢丰满的、乳房隆起的、两胯突出的肥硕的妇女"。为了掩饰自己的野蛮,他极力强调自己给这个国家带来了文明、清除了野蛮:"历史将来至少会承认是元首把多米尼加变成了现代化的国家。……他不仅为一九三七年那次屠杀海地人辩解,而且把大屠杀当成丰功伟绩。这不是把多米尼加共和国第二次在历史上从这个野蛮的邻国践踏下拯救出来了吗?"事实上,在他 30 年独裁统治期间,是野蛮压倒了文明,因为多米尼加的精英阶层生活在令人窒息的极权主义氛围里,"那些受过高等教育的人、那些智囊、那些大律师、著名医生、高级工程师、那些毕业于美国和欧洲最好大学的高级人才,他们敏锐,有文化,有经验,会读书,会思考,自以为有高级的幽默感,有鉴赏力,办事认真,居然能够忍受如此野蛮的侮辱。"

在略萨的笔下,文明世界的中心——美国,似乎成了尚未摆脱野蛮的拉丁美洲——多米尼加共和国的对照。乌拉尼娅遭受凌辱后,投奔修道院,获得了去美国读书的奖学金,一去不返,直到 49 岁时才重回故土。她在美国取得了事业上的辉煌成就,也因为那痛苦的记忆而刻意与故国保持距离,成了正宗的美国人——文明人。在衣锦还乡的她看来,无论是街头巷尾吵闹嘈杂的热带音乐,还是擦肩而过的男人投来的色迷迷的目光,在美国都是找不到的,这些都是野蛮的表现。同是美洲,一北一南,差别是巨大的。或许略萨把自己在美国生活的所感所悟写在小说中了吧。拉丁美洲要真正实现现代化,融入西方文明,就必须坚决地唾弃如特鲁希略这样的独裁暴君,以及民族性中那些野蛮落后的东西。这大概是作家的理想,然而现实却是极其复杂的。"文明"与"野蛮"并列的提法,本身就是一个充满争议的命题。不过无论如何,从艺术造诣上说,与作者其后推出的几部长篇相比,《公羊的节日》还是一部广受好评的叙事作品。

亦幻亦真家国史

说不清是从哪年开始,我所在的西语系每年的本科毕业论文,总会有人写伊莎贝尔·阿连德,分析她的这一部或那一部小说。究其原因,大概一是因为她的小说比较好懂,论遣词构句不似富恩特斯那般复杂,论思想内容也不似博尔赫斯那般玄妙;二是因为她一直被认为是拉美女性主义文学的重要代表人物,而我们的学生多是女生,对女作家的作品有天然的亲切感。我对伊莎贝尔·阿连德也颇有好感,这种好感产生在阅读她的作品之前、见识她本人不同年龄段的照片之后——的确是大家闺秀、气质美女。

伊莎贝尔是因她的首部长篇小说《幽灵之家》[1]而一举成名的。很多时候,作家并不知道自己在写什么——文本诞生之后,经由传播、解读、评论,其影响的广度和深度是作家始料未及的。《幽灵之家》并不是简单的家史叙事,如

---

[1] 伊莎贝尔·阿连德,《幽灵之家》,刘习良、笋季英译,译林出版社,2011年。

作者自己所说，是1981年在海外得知外祖父将不久于人世，于是打算给他写一封长信，记录"他的全部回忆、他的一生、他的时代、他在人世间留下的足迹"，讲述"他活着的时候对我讲过的故事"，于是有了这本书。1981年，包括作者祖国智利在内的多个南美国家仍处在军人独裁政府的严厉管制之下，不同政见者要么如伊莎贝尔·阿连德那样流亡海外，要么被拷打、监禁或者"被失踪"，文艺创作的自由被压制，漂泊在外的作家和艺术家则多为生计发愁。《幽灵之家》中不单有作者的家史，也有真实的智利共和国史。或许这是我作为文学研究者的偏见：要了解智利国情，阅读《幽灵之家》这本小说胜过阅读任何一本历史教科书。这部小说已被译成多种文字，成为英语世界的畅销书，还曾被改编成电影，汇集了斯特里普、班德拉斯等一众国际巨星。"穿裙子的加西亚·马尔克斯"，这是打在《幽灵之家》意大利文版封面上的赞美之词。这一评价将这部小说与拉美文学爆炸的伟大传统联系了起来，把伊莎贝尔·阿连德抬到与拉美文学巨匠平齐的高度，好比《幽灵之家》就是《百年孤独》的女性主义翻版。果真如此吗？

这两部小说确实有很明显的相似之处：故事都是围绕一个家族的百年兴衰史展开，最后又回到原点；都有对种种超自然现象的描述，死去的人与活着的人交流沟通，故事主线

伊莎贝尔·阿连德（Isabel Allende，1942— ）

却是与大历史紧密联系的。还有一点有趣的是，两位作者都是在流亡海外的状态中遥想故乡，分别写出这两部魔幻现实主义文学的典范的。

  细读之后，终究能看出两部小说的不同之处。马尔克斯在《百年孤独》中虚构的那个马孔多，笼罩在现实和魔幻的光影间，可以看作是哥伦比亚的缩影，也可看作是拉丁美洲的缩影乃至世界的缩影。《幽灵之家》的故事所发生的那个国度,虽则未有明确的名字,从种种描述来看,毋庸置疑便是智利。同是写一个家族的故事,《百年孤独》中的那个家族为孤独症的魔咒所控,家庭成员之间缺乏亲情,各自冷漠地面对自己的命运,而《幽灵之家》的笔调是温情的,家族里夫妻之间、姐弟之间、母女之间、祖孙之间乃至叔侄之间和姑媳之间都充满亲情,这种亲情甚至会演化为受压抑的激情、不伦之情,尽管命运多舛而冲突不断,他们始终是满含着爱去奋斗、抗争和品味幸福的。这一点,或许尤能打动心灵细腻的读者,也为女性主义文学研究提供了引证的范例。

充溢于小说人物之间的爱,生发于作者对家国的无尽思念。在 2003 年出版的一本自传式作品中,伊莎贝尔提到,她曾被人问起,"乡愁"在她的小说作品中起着什么样的作用。直到那时她才意识到,"写作对我来说就是不间断的怀旧。"她承认,"思念过去是我的恶习。这是一种忧伤的情感,有点做作,就像'温柔'那样;要触及这个话题,几乎不可能不堕入感伤主义的陷阱中,不过我还是要尝试。"在《幽灵之家》中,很难一眼就找到感伤主义的痕迹,叙事是轻快流畅的,甚至还带一点诙谐。按照作者在一次访谈中的交代,《幽灵之家》的故事真的就是她对家族史的回忆:开头出现的碧发美女罗莎,就是作者的姨姥姥,她的外祖父的第一个未婚妻,如小说所述,死于一次蹊跷难解的政治谋杀案。家族的灵魂人物克拉腊，就是作者的外祖母。克拉腊的丈夫、脾气暴躁的保守党参议员特鲁埃瓦，就是作者的外祖父，"他这个人挺特别，是个守旧的老家长。很自私，动不动就发脾气，可有时候又好得不得了，我非常爱他。"依此推断，特鲁埃瓦疼爱至极的外孙女阿尔芭，就是作者本人喽？的确，看到后面读者自会察觉，那个依着克拉腊的老旧记事本将故事从头娓娓道来的叙事者，就是家族继承人阿尔芭。小说的最后一段写道："克拉腊写下这些笔记，使我今天能从中挖出对往昔的回忆，而且借此回想起我个人的劫后余生。"伊莎贝尔借阿尔芭道出了自己的心声。作家曾坦言："这本书产生于激情，产生于希望恢复失去的一切。"她要借这本书的写作"重建正在消逝的世界——过去的世界，回忆的世界，家族的世界，也是我已抛在身后、但又唯恐失去的世界"。

家族的世界，也是祖国的世界。伊莎贝尔的家族不是凡辈。她的伯父便是萨尔瓦多·阿连德总统。正是阿连德总统主导的具有社会主义倾向的改革威胁了国内寡头阶层和外国大资本家的利益，1973年9月11日，在美国中央情报局的秘密支持下，智利军队发动政变，轰炸并包围了总统府，阿连德总统以身殉职，智利从此进入军人独裁统治时代，大批前政权的支持者遭受厄运，伊莎贝尔被迫流亡他乡。

对于流亡中的女作家来说，家与国是统一的，都是她的根，都正遭受着侮辱和损害；家与国的真实记忆，都有被忘却的危险。不合法的政权正着手篡改历史记忆，作家则试图用魔幻化了的家族记忆拯救祖国的历史记忆。看过《百年孤独》，再来看《幽灵之家》，那些魔幻因素似乎并不是那么有吸引力，活人与鬼魂相通、梦的预言、目光移物等桥段仿佛只是吸引拉美文学粉丝的噱头而已。如果我们看看作者后来发表的回忆录，或许能读出更多的意味来。作者曾写道："那时候，好奇和大胆都是被明令禁止的。"独裁军人是无聊乏味的，他们只关心维持统治秩序，不接受超出常理的东西。奇幻的想象和自由的思想都会被他们枪毙。由此，用文字编织魔幻就是对他们的反抗。

自由地塑造智利人民的集体记忆、以个人的方式讴歌智利的大山大海以及这块土地上的男人们和女人们，更是对野蛮统治者的反抗。埃斯特万·特鲁埃瓦的创业史可以看作是智利的创世纪：靠着继承下来的显赫姓氏和破落家产，以及自己的才智、勇气和勤奋，特鲁埃瓦成为一名成功的庄园主，将他的领地打造成全国闻名的"模范庄园"。他的旺盛精力在用于开垦蛮荒之余，还发泄在任何一个被他掳到马上、扑倒在田地中的印第安农妇的身上。他为自己将那么多贫困的、无所事事的印第安农民纳入自己庄园的生产体系中来而自豪不已，仿佛自己是战胜了野蛮的文明的化身。这种创业－征服－殖民的历史，便也是拉丁美洲在缔造现代民族国家形态之前所经历的历史。

智利与其他拉美国家相比所表现出的特殊性，也出现在小说的描述中。作者不遗余力地赞美自己的祖国："在地球上这个被人遗忘的国度里，汇集着大自然创造的各种美景，有高山峻岭，有汪洋大海，有平坦的谷地，有峻峭的山峰，有清澈的流水，还有温驯的动物。"按照传统欧美中心论的视角，夹在安第斯山和太平洋之间的智利是真正的"天涯海角"，是世界西端角落里的小国，仿佛一爿世外桃源。当特鲁埃瓦把从收音机里听来的欧洲大战的消息告诉村民时，他们完全不知道他在说什么。小说也颇带自豪地借人物之口肯定，智利一直是拉美民主政治的典范，政局的变动从来都是通过投票选举而非恶性循环的流血革命来实现。这个神话最终为1973年的血腥军事政变所打破。

阿尔芭一家在这场政变前后的遭遇，浓缩了那个年代几乎所有智利公民经历的悲剧：同一家人因政见不同而反目，拥护阿连德总统的人遭受了最残酷的刑罚，反对阿连德总统的人也因失去亲人和原有的政治自由而堕入沉默抑郁之中……在描述这起共和国史上最惨痛的悲剧时，伊莎贝尔当是触及了记忆中最沉痛的那部分的。她将它写下来，作为自己提供给历史记忆的个人证明，也作为排遣思乡之痛的一种方式。今天的智利早已告别独裁、恢复了民主制度，然而历史的伤疤还没有完全愈合,在不时爆发的社会冲突中,还能看到独裁统治给国家生活留下的阴影。在《幽灵之家》的最后,劫后余生的阿尔芭仿佛已经预见到了终究美好的未来,也想到了克服冤冤相报、终结恶性循环的药方,那就是爱,以及对美好生活的希望。

迷失墨京

2012年岁末,译林出版社推出了一套装帧精美的卡洛斯·富恩特斯作品系列,以纪念这位于当年5月辞世的墨西哥著名作家。在《最明净的地区》[1] 一书新版的封面上,仅有一句简介:"引发拉美'文学爆炸'的第一部作品"。尽管这部长篇小说自1958年问世以来,就一直享有盛名,但中国读者中能坚持读完整本书的人,恐怕没有通读《百年孤独》或其他拉美"文学爆炸"经典作品的人多。"我叫伊克斯卡·西恩富戈斯。我生在墨西哥城,也住在这里……"从小说第一段梦呓般的独白开始,读者就被带进了一个仿佛时空错乱的世界。在"这座……的城市"的句式的气势磅礴的重复中,古老、庞大的墨西哥城徐徐展开它的面目。近百个人物的生活,过去与现在、激情与失望在这座城市的图景中

---

[1] 卡洛斯·富恩特斯,《最明净的地区》,徐少军、王小芳译,译林出版社,2012年。

浮沉交汇，读者似是走入了一幅巨型壁画中，迷失在一个充满活力、精彩纷呈却不知所终的世界里。

墨西哥往何处去？革命年代烟消云散之后，所有的墨西哥知识分子都在积极思考这个问题。与其他拉美国家相比，墨西哥的政局是稳定的，作为重要战略资源的石油也已被牢牢控制在国家手中；与欧洲国家相比，墨西哥不曾被卷入世界大战，可以安心发展经济，重建因革命战争而元气大伤的社会。这是墨西哥的"Belle Époque"（美好年代）。在《最明净的地区》最初几个版本的封面上，都有赫然耸立的拉丁美洲塔——这座于1956年落成、位居墨西哥城中心、高达188米的44层摩天大楼，曾一度是拉丁美洲最高的建筑物，也是墨西哥昂首阔步走向现代化的象征。它是墨西哥的"帝国大厦"，它炫耀着玻璃和铝材构成的外观，毫不犹豫地直入高空，让周围的一切都显得矮小、老旧、落后。走向"现代化"就是不顾一切地发展、进步，就是在国家的引领下热烈拥抱资本主义，就是向北方强大的邻国看齐。"你们知识分子就喜欢自寻烦恼。"在小说中，富恩特斯借成功的银行家之口为既得利益者发言："为了富裕，就必须加速走向资本主义，一切都听从资本的考核。政治。生活方式。喜好。时髦。立法。经济。一切。"然而，那些占多数的赶不上"发展""进步"的墨西哥人怎么办？墨西哥人在革命中重新发现的伟大传统怎么办？怎样才能既赶上现代化又保持自己的特色呢？墨西哥会在这美好的发展中迷失自己吗？

年轻的富恩特斯所看到的，是一座无计划地快速扩张着的都市，如《最明净的地区》中所言，这座矗立在高原上的都城，充斥着"徒有四壁的宫殿"，"如同一块肆无忌惮地扩散着的癣块"。作为国家的权力中心，它集中了最好的资源，吸引全国各地的人前来寻找机会。它向来自欧洲和南美的流亡者敞开怀抱，接纳真正的和假冒的落魄贵族，也接纳最激进的革命者。它有一流的餐馆酒吧供富人消费，也任由贫民搭起的简陋房屋在郊外蔓延。它的街头跑着最新款的奔驰轿车，也游荡着愿意为一顿饭出卖贞操的穷苦女孩。它的主人们处处追求"高端大气上档次"，努力模仿"国际范"，甚至要用精美服饰和外国香水掩盖自己本来的肤色，却发现自己始终生活在一座"巨大的村庄"里。"费德里克·罗布莱斯站在一幢红砖楼九层的两扇毫无生气的窗户面前，眼睛盯着这座模仿外国，但又模仿得不像的城市。"有哪座发展中国家的都城算是模仿成功的呢？我们总是不屑于重新发现自己的美学传统，没有头绪地去追随他们的风格样式，结果沦为他们的笑料。

作为小说标题的"最明净的地区"（la región más transparente）不是赞美，而是反讽。墨西哥城的这一称谓也并非富恩特斯原创，而是来自于德国地质学家亚历山大·冯·洪堡。19世纪的墨西哥城尚未受到工业和汽车尾气的污染。在这片海拔高度超过两千公尺的谷地中,强烈的日照给一切都赋予了明媚的色彩,宜人的、没有四季之别的气温使人感觉生活在永恒的秋光中,引得初到此地的洪堡赞叹这里是"空气最明净的地区"。以"明净"对应本义为"透明"的"transparente",实在是绝妙的译笔。20世纪50年代的墨城已经不再"明净",它正逐渐成为世界上污染最严重的城市之一。与大气污染同时成为问题的还有暴涨的人口、糟糕的交通,以及人的堕落——在资本和权力的诱惑下,人心变得越来越脏,从前为公平正义而战的革命者跻身进入最贪婪的食利阶层,还编出一套为既得利益辩护的美妙说辞;从前一尘不染、满腹理想的文学青年变成了冷酷势利的"成功"者;最底层的劳动者巴望着过上上等人的生活,偶尔因为别人的施舍小赚一笔,高兴得忘乎所以,以致乐极生悲。然而,"在墨西哥,没有悲剧,一切都变为耻辱"。倒霉者不会因悲剧的命运而变得崇高,而是很快地被遗忘,消失在繁华人间。所有人都在追求成功,使出了所有的伎俩,而旧的价值体系正逐渐崩溃。大变革时代的大都市,呈现出前所未有的丰富性,值得作家用巴尔扎克写"人间喜剧"的方式去记录、再现和想象。在此之前,墨西哥文学对农村题材的探索已经在胡安·鲁尔福的笔下达到顶峰,青年富恩特斯则尝试写一部城市题材的作品,作为他的长篇小说处女作。而要在墨西哥写城市，除了作者最熟悉的首都，没有哪座城市可以如此集中地代表这个国家的现状。由此，《最明净的地区》与拉丁美洲塔、国立人类学博物馆、国立自治大学建筑群的巨幅壁画等一起，成为墨西哥城"美好年代"的见证和象征，成为墨西哥人引以为豪的文化标志，也成为吸引外国人去"发现"神秘、多面的墨西哥的伟大作品。

1950年代的富恩特斯可以借文学虚构讽喻墨西哥现状，却不能公开批评政治当局。墨西哥革命制度党，这个将革命激情冷冻成僵硬制度、以民众主义的方式独霸墨西哥政坛的超级大党，一方面大力发展经济，一方面竭力维持稳定秩序，不允许强有力的反对派出现。在《最明净的地区》中，作者借知识分子之口委婉地表达对政治现状的不满：人民的要求其实不算奢侈，"不要革命制度党去当在野党"，只要"能公开地表达思想，能够谈论公共官员和社会问题。革命制度党的候选人还是照旧当总统。问题不在这里。人民希望的，越来越强烈地希望的是最后的候选人不是由前总统们秘密集会挑选出来。他需要同人们讨论问题"。身处这个国家的权力中心，年轻的作家已经觉察到中产阶级愈发强烈的政治诉求。小说出版十年之后，这种诉求终于爆发，涌向墨西哥城特拉特洛尔科广场的青年学子遭到当局的血腥镇压，即将在首都举办奥运会、力图展示现代化形象的墨西哥在全世界面前蒙羞。到了21世纪的墨西哥，当年那些理想的大部分已经实现了。尽管六年一度的总统选举离真正的透明公正还有距离，革命制度党的垄断地位已经被打破，人民可以放心地就政治问题发表言论，总统候选人们为了争取选票而比赛着向选民摆出倾听意见、欢迎对话的姿态。而富恩特斯在去世之前的数次访谈中都表达了新的担忧：民主与安全似乎是一对矛盾，在没有民主自由的时代，墨城的市民可以放心走夜路，而实现民主自由之后，谁还敢深夜里独自在城中漫步呢？"最明净的地区"，已经成为世界上治安最糟糕的地区之一了。富恩特斯曾不无伤感地怀想起他年轻时代的墨西哥城，尽管问题重重，却还是一个可以让旅行者安然漫步的城市，是一个可供知识分子们时常碰头喝咖啡的城市，是一个让人们相遇的城市。

是的，让人和人相遇，这正是人们建造城市的初衷，这才是城市的本质。尽管人口的激增让这座城市不再"明净"，墨西哥人在与墨西哥人的相遇中见识了这个民族、这个社会的多种颜色，墨西哥人在模仿外国人的一次次失败尝试后回望自身，提出了终极的命题："我们是谁？"这正是隐藏在《最明净的地区》这部多声部作品里最深处的问题。作者在小说里好几处充满思辨色彩的对话中探索这一问题，将之前的思想家们对这一问题给出的解答穿插其中：巴斯孔塞洛斯在混血民族的事实上发现了照向未来的伟大光辉，拉莫斯试图清理墨西哥人与生俱来的自卑感,帕斯看到的是深陷在孤独的迷宫中戴着面具的墨西哥人……"我们命中注定要待在这里。我们对此无能为力。在这片最明净的地区。"小说以神秘人物伊克斯卡·西恩富戈斯的独白始,也以他腾空化雾而去留下的谜一般的话音作终。富恩特斯以这部小说对现代墨西哥做了一个总结,而他的寻根之旅才刚刚开始。

《百年孤独》：一部革命小说

在 2011 年由新经典推出的中文版《百年孤独》[1]面世之前，许多中国读者或许未曾意识到，自己从前读过的这部世界文学名著的各种中译本，都是"非法"的。据说作者马尔克斯本人曾经对中国人意见很大，因为我们未经他授权就翻译出版了这部作品，还着迷得要命——理论上说，这些"盗"译本卖得越好，作家蒙受的经济损失就越大。在文学日益被边缘化的今天回过头来看，《百年孤独》与中国的结缘，实在是一部爱恨情仇交织的历史。20 世纪 60 年代，当《百年孤独》在西语世界继而在整个世界文坛引起轰动时，中国的文学界对此几乎一无所知，仿佛生活在一个与世隔绝、百年孤独的角落里——在"横扫一切牛鬼蛇神"的"革命"迷狂中，在文化被缩减为宣传画、八个样板戏和一堆教条的封闭国度里，谁敢翻译介绍这么一本资本主义世界的畅

---

[1] 加西亚·马尔克斯，《百年孤独》，范晔译，南海出版公司，2011 年。

销书呢？直到80年代文学热兴起，《百年孤独》才与其他一大批外国文学经典著作一齐涌入中国的大小书店，成为文学青年、青年作家的必读经典。他们已然等得太久、太饥渴了，谁会想到版权问题呢？没有这些让马尔克斯气歪了鼻子的译本，包括莫言在内的一大批中国当代作家的创作灵感一定会大打折扣吧？我看的第一本《百年孤独》，便也是苦寻良久后从一个打折书市上买来的盗版。多年以后，重读这部经典时，或许我还会想起自己被这个"非法"译本的第一句话引领入拉美文学殿堂的那个遥远的下午。正是这本书促使我这个穷学生去了解"文学爆炸"和拉美历史，以及学好专业外语，为的是能通读西文原版。这个梦想早已实现了。

在今天的中国，拉美文学的译介已蔚为壮观，而《百年孤独》无疑是拉美文学最经典的经典。因为《百年孤独》被普遍认为是"魔幻现实主义"的典范，拉美文学便也被贴上了"魔幻现实主义"的标签。拉美与中国相距太远，我们往往津津乐道于它的"魔幻"，而看不清它的"现实"。我们甚至会把小说中描述的种种怪诞即当成真实，以为那真的是一块"神奇"的大陆。马尔克斯在谈自己创作时发表的言论，常常被拿来引用的，如"我的所有小说，没有一行文字不以真事为基础""拉丁美洲的现实，一切的现实，实际上都比我们想象的神奇得多"，成了"魔幻现实主义"的经典注解。

理性的文学研究者应当明白,创作者本人对其作品发表的言谈,只可作为参考,不可全信。老马的那些话,或许话中有话,或许是吸引读者的噱头,或许是跟对谈者开的玩笑,岂能一概当真?亲爱的读者朋友,您真的以为在那块神奇的大陆上,每天都在上演如小说描述的种种灵异事件?

我还看到有的文学史教科书把马尔克斯连同他的《百年孤独》归入"后现代主义文学"的方阵中。在这种不动脑子照抄欧美大学教科书的分类法中,处于边缘地位的《百年孤独》与作为核心的欧洲荒诞派戏剧和存在主义文学一起,成为对后工业时代西方社会和人性的诠释。《百年孤独》的故事与西方世界的后工业时代有什么关系?它在创作手法上算是继承和发展了西方文学的正统吗?有许多问题是不能想当然的。

只有把《百年孤独》放在拉美文学史乃至拉美现当代史的背景上来考量,才是真正有意义的。拉美文学曾长期被看成是正宗的殖民地文学,享有识字和写作之特权的本土精英竞相追赶欧美文学潮流,不加区别地模仿和吸收各种"主义"。后来,他们意识到,原先为自己瞧不起的本地底层人民的文化中,蕴含着极为丰富的文学宝藏,于是他们照着现成的欧美范式装模作样地书写本土题材。再后来,他们似乎觉醒了。"用别人的程式来解释我们的现实,只会让我们自己变得更不为人所知、更不自由、更加孤独。"这是马尔克斯的名言。他们要尝试更为革命性的写作方式，他们需要在后殖民时代为本土文学确立身份，他们更要将文学的命运与民族的命运结合起来。文学"爆炸"撼动了世界，作为这一潮流的巅峰之作的《百年孤独》，其想象之大胆，其母题之丰富，其结构之奇巧，超过了以往的任何一部拉美小说。从文学史的角度来说，《百年孤独》的确代表了一次文学上的革命。

《百年孤独》成书的 60 年代，正是任何一部世界史都不会轻描淡写的革命年代。拉美文学"爆炸"并不是孤立的文艺事件，它与那个年代拉丁美洲发生的种种变革，如古巴革命的火热进展，如解放神学的勃兴，是紧密联系在一起的。为什么要革命？在激进年代的知识分子们看来，尽管早已获得了政治形式上的独立，拉丁美洲从来没有摆脱依附于中心国家的命运。在不公正的经济秩序中，发达国家越发达，这些前殖民地国家就越不发达。为了维护这种罪恶秩序，帝国主义与本地权贵结成同盟，不允许政治经济制度上的本质性革新，使拉丁美洲长久地处于野蛮、愚昧、自闭的前资本主义时代，无从实现现代化。要打破这种局面，唯有像古巴那样进行彻底的社会主义革命。那批轰动了世界文坛的拉美青年作家，几乎都曾自视为卡斯特罗和切·格瓦拉的亲密战友，热切期盼着一场席卷整个拉丁美洲，将所有同受压迫、同讲西班牙语的人民的命运联系在一起的伟大革命。

我曾看到一本中文的学术著作是这样评价魔幻现实主义的:"但是,这类作品在抨击社会弊病时,又找不到根治的办法,揭露了独裁政权,又不能指出光明正确的道路,不满于拉美贫困和落后的现状,又感到束手无策。因而常常流露出虚无主义的观点和消极、悲观、绝望的情绪。"《百年孤独》确实符合如上所述的种种特征。然而,非要指出光明正确的道路,才算是好的现实主义作品吗?文学的根本任务,究竟在于提出问题还是解决问题呢?在我看来,《百年孤独》没有一处文字是宣扬革命的,却又比任何一篇战斗檄文都更具影响力。

故事中虚构出来的那个马孔多,不是充满诗意的世外桃源,而是一个封闭、落后的小小角落,在当时的拉美知识分子的眼中,他们各自的家乡乃至整个拉丁美洲就是如此。就连马尔克斯创作小说时居住的大都市墨西哥城,也一直顶着"大农场"的绰号,摆脱不了土气,充斥着舶来品和糟糕的仿制品。这样的世界,若说是可爱的,也仅仅是因为无知愚昧所表现出来的滑稽。布恩迪亚初次见识以固体形态出现的水时,他"把手放在冰块上,仿佛凭圣书作证般庄严宣告:'这是我们这个时代最伟大的发明。'"布恩迪亚家族的故事也是封闭的——世代更替,不过是在重复着浑噩荒诞的人生，读到最后，读者发现先前的所有故事原来早已被记录在一份羊皮手稿之上，未来与过去交合在一起。

我们随布恩迪亚家族的一个个人物见识日常生活中的诡异现象，也经历那些属于宏大叙事的历史事件。奥雷里亚诺上校打不完的内战、美国联合果品公司为马孔多带来的"文明""进步"、何塞·阿尔卡蒂奥第二亲历的军队对罢工工人的血腥屠杀……都取材于真实发生的历史。是哥伦比亚的历史，也是整个拉丁美洲的历史。只有在这个意义上，我们才可以说《百年孤独》是现实主义的。在官方钦定的文本中，这些历史或是被封存，或是被矫饰，或是缩减为单调抽象的数字。"这儿没有死人。""马孔多没发生过任何事。"……统治者的谎言，老百姓信以为真。权力结构的稳固，也依赖于它编造的一整套神话。捅破这些谎言，以文学的形式重述事实，难道不也算是一种革命行为吗？

《百年孤独》的故事里有性，却没有爱，有的也只是变态的黑色的爱。布恩迪亚家族的大多数人都是冷漠绝情的，就连不伦之恋中也没有真正的情爱，只有动物式的性欲。建设拉丁美洲的美好未来，断然不能依靠这样的人。按照社会主义的理想，按照以切·格瓦拉为楷模的乌托邦式道德理念，革命需要的是"新人"，是懂得团结友爱的人、能为身边的人担负责任的人。大家并肩战斗、携手前行，组成一个同呼吸共命运的共同体，就像印第安人的古老村社那样温暖、纯净而和谐。马尔克斯为布恩迪亚家族选择了永远消失的命运,随着一场席卷一切的飓风的来临,"注定经受百年孤独的家族不会有第二次机会在大地上出现"。从最后的章节开始飘荡在叙述中的末世气氛终于全面降临,故事到此句结束,好似"落了片白茫茫大地真干净",看似绝望至极。作者没有说的是:"让我们期待全新的人在大地上出现吧!"我们理应感到欣慰和充满希望,同时也不得不觉得好遗憾,因为如此令人欲罢不能的故事,到此讲完了。

人心是一条幽暗的隧道

"无论如何,只有一条阴暗、孤寂的隧道,那就是我的隧道。"这句话如谜语般被悬设在中篇小说《隧道》[1](又译《地道》)的卷首,又在后文中出现。它来自主人公卡斯特尔的内心独白。事实上,整篇小说的叙事者仅此一人,胡安·巴布罗·卡斯特尔,画家、单身汉、杀人犯、一个不可救药的神经症患者。我们随着他的独白进入故事,如同缓慢行进在一条狭长幽暗的隧道中。

隧道的意象,不啻为现代生活最具代表性的象征之一。在地下隧道中穿行,是今天大多数都市人的日常体验。感受一下上下班高峰期的北京地铁吧。成千上万的男男女女,面无表情、步调一致地在地下通道中挪动前行,如同恐怖片中的僵尸大军。每一个人都只能被人流裹挟着走,被吸入一趟趟严格按时间表运行的列车中。列车在暗黑的地道中穿

---

[1] 埃内斯托·萨瓦托,《隧道》,徐鹤林译,上海文艺出版社,2011年。

行,除了广告图像,窗外没有风景;车里的陌生人们你挨我我挨你,彼此无间却心隔千里,唯有的交流就是一句"下吗?"……我们就这样孤独地在公共的隧道和自己内心的隧道中滑行,通往各自的目的地。现代社会必然是人与人更加高密度的集合,而每一个人都是孤独的个体,是远离了田园牧歌的故乡和纷繁复杂的宗亲关系的游魂,"人与人的联系,除了赤裸裸的利害以外,除了冷酷的'现金交易'以外,再没有别的了"。《共产党宣言》对此早已洞若观火。在这个越发繁华也越发冷漠的世界里,谁会关心陌生人的孤独和焦虑呢?谁会在乎别人心中的隧道呢?

《隧道》里的卡斯特尔坦承说,曾经确有一个能理解他的人,然而恰恰就是这个人,死在他的刀下。这一切缘起于一次画展。在他展出的一幅作品中,画面左上方留有一个小窗户,透过这扇窗,能看到一个眺望大海的女人。在他看来,这一细节传达的是一种"急切的、绝对的孤独感",然而无论是评论家还是普通观众都没有注意到他所认为的这个关键部分,只有一个人在画前长久驻足,凝视那个小窗户里的景色。这是一个陌生的姑娘。卡斯特尔在她的目光里发现了知音。这是令孤独的艺术家多么欣慰的事啊!艺术可以是情感交流的手段。列夫·托尔斯泰曾说过:"艺术始于一个人意图向他人传达自己体会过的情感,并在心中重新唤起这份情感,再以某种外在标志表达出来之时。"那个隐秘的小窗

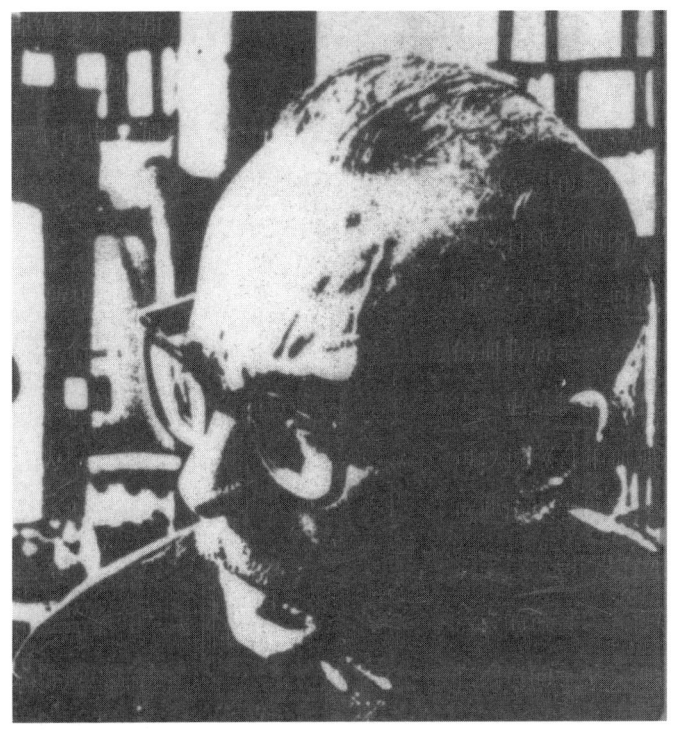

埃内斯托·萨瓦托（Ernesto Sabato，1911—2011）

户将两颗孤独的心灵相接通。从此，没有当场向那位姑娘吐露心迹的卡斯特尔陷入了迷狂中，他制定了周密的计划，进行了读来令人哑然失笑的估算，一心要在茫茫人海中找到他的这个知音。当他们终于再次相遇，开启的却并非一个美好的爱情故事，而是一次以男方杀害女方为终局的畸恋，是最初的感动和激情被画家的心魔一次次摧残终至双双毁灭的悲剧。

在走向现代社会的进程中，当灵魂的存在逐渐被淡忘、宗教对心灵的统治渐渐式微的时候，人类开始认识不清自己。弗洛伊德对意识掩盖之下究竟有何物的发现、对"本我－自我－超我"的界定，尽管都是科学假说，却不失为对人类精神认识上的伟大创举。用弗洛伊德的理论来看，《隧道》中杀人犯的病态心理形成的原因，要追溯到他的童年时代，要在他的本能欲望里寻找。在卡斯特尔的自述中，我们确实可以找到关于恋母情结的蛛丝马迹，找到他的肉欲和死亡冲动。然而这并不足以解释他所有的那些莫名其妙的想法。继弗洛伊德之后，研究者们发现，弗氏精神分析学说并不是普适性的，病态心理的形成事实上也与特定的社会条件相关。美国心理学家卡伦·霍尼就在其名著《我们时代的神经症人格》一书中精准地剖析了现代社会的神经症患者是处于怎样的内心冲突中的。在她看来，在这么一个鼓励竞争和个人成功的社会里，心理紊乱者不可避免地带有两种病态倾向：无时无刻不在的焦虑，以及针对所有人的敌意。这两种倾向交织在一起，造成了神经症患者的孤独感和严重的安全感的缺失——一方面，他需要依赖别人，另一方面，由于病态的敌意，他又不可能信任任何人。我们在《隧道》中看到的这个疯狂的卡斯特尔就是如此。在寻找那位观画知己的过程中,他的胆怯、软弱和没有自信,通过他的自述表露无遗。他长久地在急切找寻和自怨自艾中徘徊。然而他对自己疯癫行为的解释读上去又都是合理的,都符合现代社会的这个神圣词汇:理性。他又坦白说:"总的来说,人类总是让我觉得可恶。""我总是不带好感地甚至是带着憎恶地看人的,我尤其讨厌群聚的人;我从来都忍受不了夏天的海滩。"众里寻她千百度,当玛丽亚终于向他走来时,他却用审问犯人的方式与她谈起了恋爱。他始终怀疑玛丽亚在欺骗他的感情,竟至于用"婊子"的字眼来辱骂这个柔弱女子。他的分析是这样的:玛丽亚背着自己的盲人丈夫与他恋爱,证明她是一个不贞的女人;玛丽亚在爱他的同时不愿舍弃夫君,还证明她是一个不忠的女人;玛丽亚老往她表兄的庄园那里跑,而她的表兄是个有名的风流公子,这证明玛丽亚与她的表兄也有奸情……他得出的结论是,他的红颜知己玛丽亚是个不要脸的妓女。这种将爱的对象扭曲至极的"恋爱",实在与我们在古典作品中和《知音》杂志上读到的催泪恋爱相差太大。他真的爱她吗?用霍尼的理论来看,这种爱如果能称为爱,也只是病态的爱,是一种爱的错觉,"他这种自己觉得是发自内心的爱,很可能只不过是对某种仁慈所产生的感激,或只不过是由某个人、某种情景所唤起的希望和温情。"卡斯特尔对玛丽亚这位观画知己的需要,或许并非真正爱的需要,而是安全感的需要，是抵御焦虑的需要。这种需要永不知足，渐至演化成病态的嫉妒：他不断地害怕失去对玛丽亚的占有，深深地陷入醋意的怒火中，竟至于在一个雷电交加的夜晚潜入玛丽亚的卧房，将她捅死在血泊中。

《隧道》初版于1948年的阿根廷。作者埃内斯托·萨瓦托不是精神科医生，在当时也不算名作家，而是一个从物理学研究转行文学创作的怪才。这是他发表的第一部虚构作品，却在当时的阿根廷文坛引起了轰动，后被奉为拉美文学所谓"心理现实主义"的经典作品——尽管萨瓦托本人从未认同过这一"主义"的标签。一路苦读拿到理学博士学位，背负本国前辈的厚望赴法国居里研究所深造，萨瓦托本可以成为蜚声国际的科学大家，却在经历了个人的精神危机后决定听从内心的召唤：转行写作。这在当时的人看来，实在是不可思议的。用今天的眼光来看，他是真正活出了自己。蜚声国际、振兴拉丁美洲科学，真的是他渴望的生活吗？这样的成功，是被他人建构的欲望，不是他想要的人生。写作和画画，才是他想用生命去实践的事业，无关名与禄，尽管用现实的眼光来看，他的确凭借写作得以蜚声国际。

事实上，对于萨瓦托的文学事业来说，他在数理科学方面的深厚积养绝不是浪费。一方面，严格的逻辑思维训练赋予他的写作一种高度的冷静和准确性，他笔下的心理活动读来有如严谨的公式推导，令人叹服；另一方面，他在自然科学的山峰攀登所达到的高度，无疑有助于他对现代性和人类命运做更全面、更深刻的思考。另外，寓居巴黎期间与一批超现实主义艺术家畅饮神聊的经历，也使得他在探索潜意识活动方面具备了优势，从而超越了同时代的那些尚未具备现代意识的西语作家。

在那个时代，借着残存的古文化遗产展现地方特色、面对欧美文学界卖弄异域风情已经不是拉美作家的主要任务了。《隧道》的故事发生在阿根廷都城布宜诺斯艾利斯，同样也可以发生在任何一个现代都市。主人公的心灵独白，也曾道出了经历世界大战之后的人类共同体验到的绝望：在创作那幅画作之前，卡斯特尔曾读到，在一座集中营里，一个钢琴家饿得不行了，忍辱求食，结果被强迫吞下一只老鼠，而且是一只活老鼠！他由此觉得，这个世界如此恐怖，一切都没有意义。《隧道》的故事会让我们产生同样的感觉：美好的事物，温馨的感情，一切都终归于毁灭和虚空；人心之晦暗，犹如一条长长的孤独的隧道。

然而这并不意味着作家要读者悲观厌世。萨瓦托曾这样定义自己的写作目标："我的小说作品，不管是好是坏，总是试图检验人性的终极矛盾：孤独和死亡，希望和失望，对权力的渴望，对绝对性的找寻，存在的意义，上帝的在场和不在场。"在他看来，被绝对理性所分裂的现代人，应当回归到原来的完整状态,这正是现代小说家的终极使命:"把启蒙主义者造出的那个虚无幻象还原为有血有肉的人。"他后来的小说和思想随笔同样影响深远,成为打进那条幽暗的《隧道》尽头的温馨亮光。

诗人与邮递员

我曾好几次在电视旅游节目中观赏过智利的一个著名景点：黑岛之家。这栋面朝太平洋、漆成蓝色的木头房子曾是智利大诗人巴勃罗·聂鲁达（1904—1973）和他的第三任妻子玛蒂尔德共同生活的地方。房子里摆放着诗人从世界各地收集来的纪念品，许多都与大海的主题有关。我常常幻想，如果我能住进一栋面朝大海的房子里，整天对着万顷碧波，听涛声拍岸，说不定也能成为诺贝尔文学奖得主啦。

玩笑归玩笑，面朝大海确实是一种理想的诗人生活。聂鲁达在自己的回忆录中曾这样写到他在黑岛的生活："1969年差不多一整年，我都是在黑岛度过的。从清晨起，大海就进入奇异的上涨状态，像是在揉制一块无限大的面包。被大海深处寒冷的酵母推着涌起的浪花，白得如同面粉。"黑岛并不是岛，这个名字据说是聂鲁达起的，也来自诗人对大海的观照：他曾看到离他房子不远处的海中有一块黑礁石，就把他生活的那块地方叫作黑岛了。岛屿是孤独的象征。面朝大海，也就意味着背对世界。诗人真的喜欢将自己与世隔绝吗？

为了获得最宁静的心境，在最纯净的状态里倾听和表达内心的声音，诗人需要自我放逐；然而，远离俗世又会使创作与现实、与真实的生活脱节，导致作品因幽深玄妙而难以为大多数人所接受。这是文学艺术的永恒矛盾。聂鲁达既爱面朝大海，又不愿离群众太远。在回忆录中，他把那一章关于黑岛生活的文字定标题为"诗学和政治学"——孤独阴冷的诗人生活和热火朝天的政治运动，在他那里并不矛盾。"政治生活如惊雷动地而来，把我从我的写作状态中拉开。我再次回到群众中去。"此时的智利政坛，一场巨变正在酝酿，作为智利共产党党员的聂鲁达也加入到力争让左派联盟赢得总统选举的热烈运动中。

中篇小说《邮差》[1]的故事就发生在那个年代。在一篇半真半假地介绍此书由来的前言之后，叙事者以"1969年6月……"开篇，仿佛其所叙述的是一个真实发生过的故事。作者安东尼奥·斯卡尔梅达虚构了年轻的邮递员马里奥·赫梅内斯这个角色，来时时"骚扰"深居简出的诗人。马里奥的邮政服务几乎是聂鲁达的"私人订制"，因为居住在这个

---

[1] 安东尼奥·斯卡尔梅达，《邮差》，李红琴译，重庆出版社，2007年。

地区的大多是目不识丁的渔民,聂鲁达成了当地邮政局的唯一一位客户。马里奥借接近诗人的机会求他教自己写情诗,诗人也乐于指点他,帮助他获取恋爱对象的芳心,支持他与凶神恶煞的丈母娘交战……充满快乐的生活,以镇上的人们为庆祝聂鲁达获诺贝尔文学奖而举办的狂欢派对为高潮,1973年9月11日爆发的军事政变终止了欢乐的一切,留下一个苦涩伤感但也并非绝望的结尾。小说是在1985年以书名《火热的耐心》问世的,迄今已被翻译成三十多种文字,被誉为拉美"后爆炸"文学的代表作。经小说故事改编的意大利电影《邮差》同样获得了巨大的成功,小说题目也随之变为《聂鲁达的邮递员》,以达到更好的商业效果。这部小说的中译本外观就设计成信封的模样,在通讯手段早已被颠覆得面目全非的今天捧之在手,还真有点怀旧的感觉呢。

尽管在那部改编而成的意大利电影中,故事的时间被挪到了50年代,地点从南太平洋海岸转至地中海的小岛,邮递员马里奥也从智利人变成了意大利人,小说的幽默、俏皮,充盈在故事氛围中的带着海腥气的温情,仍然或多或少保留了下来。整本书读来便如同在欣赏一部轻喜剧。作者在前言中声称,写这本书用了14年,而在此期间,巴尔加斯·略萨发表了包括《酒吧长谈》《潘达莱昂上尉与劳军女郎》在内的四部重要作品,因此"坦白地说,我真不为我所创造的记录感到自豪"。在我看来,这种调侃的笔调本身就是对巴尔加斯·略萨的超越——拉美文学"爆炸"的经典作品在达到文学形式创新的巅峰时，多少也失去了来自底层生活的最质朴、最具活力的经验表达，继之以后的拉美作家所做的，正是重拾普通人民日常生活的智慧，用洗尽铅华的清新文字恢复人与人之间的温情。《邮差》中富含生活气息的幽默，在拉美文学诸位前辈"高端大气"的作品中倒是很少见到的。然而，书写小地方普通人的生活，要把握好分寸并不容易，一旦暴露出刻意描绘的痕迹，就有可能被批评家扣上"风俗主义"或是"媚俗"的帽子。

在与中国记者的一次关于《邮差》一书的访谈中，斯卡尔梅达声称"我的小说重点其实并不是政治，而是谈论诗歌、爱情和自由，这是幸福的真正意义所在"。从政治哲学的角度来看，这部小说还是具有丰富的政治意味的。写作此书时，作者身处德国——1973年的军事政变之后，智利军政府开始大肆迫害不同政见者，许多带有左翼倾向的作家不得不踏上流亡之途，斯卡尔梅达亦是其中一员。用轻快俏皮的笔调回忆和想象故土上的人和事，让正在遭受暴政凌辱的人民和被当局禁止提及的诗人恢复尊严、成为活泼可爱的故事主角，不正是投向独裁者政权的武器吗？

《邮差》的最令人难忘之处，或许并不在人物对白中所引用的优美诗句，也不是穿插在情节中的坦荡荡的性爱描写,而在于作者展现的偏僻小海湾中田园诗般的生活,是充满人情味的生活颂歌。拉美国家的地理普遍有一个特点,就是首都和外省的迥然有别。首都代表大都市文化,是权力和文化的中心,集中了大多数的人口,如智利的圣地亚哥;作为首都外围的外省地区则往往是人口稀少、闭塞落后的,与繁华的首都相比,呈现出真实的第三世界的面貌。这种地理特点反映了殖民地的权力关系:满驻外国使馆和跨国公司的首都模仿并听命于发达国家;同时,首都统治外省,统治者从首都发号施令,控制周边地区的人民。一个惯有的思维范式就是:首都代表文明、先进、现代化,外省代表野蛮、落后、保守主义。中心城市的文化是高雅的、与国际接轨的,非中心地区则没有文化,散居着文盲,正如智利黑岛地区的贫苦渔民,他们若有文化,那也是原始愚昧的、只可作为人类学家研究案例的文化。

然而在《邮差》中,我们看到的这些贫苦渔民,这些"土"得掉渣、浑身鱼腥气的人们完全不是野蛮愚昧的。经过诗人指点,渔民出身的邮递员调动想象,也能说出精妙的比喻,谁能说没文化的人智商低下呢?在狂欢派对上唱出的一支又一支情歌,踩着鼓点欢跳的热舞,怎不是充满活力的音乐文化呢?马里奥在聂鲁达的辅助下用优美情诗展开的爱情历险,虽则偶尔甜得发腻,对比我们今天的现实生活中已被功利和虚荣心严重异化的爱情,会令多少青年男女羡慕呢？聂鲁达的邻居们，这些小地方人，每一个都是可爱的，真诚的。他们一同出演这部并不轻浮的轻喜剧。

聂鲁达是斯卡尔梅达最崇敬的文学前辈之一。聂鲁达后期的诗作，语言更为朴实，风格更为简单，往往被认为是沾染上了太多的意识形态色彩。而在诗人本人看来，这种转变是适应了现实斗争的需要的，他以成为"人民诗人"为荣。他歌颂土豆、西红柿、洋葱等这些日常生活中随处可见的平凡事物，与人民大众走得更近。他在回忆录中写道："人民群众早已成为我的生活课堂。我可以怀着诗人生而有之的怯懦，怀着胆怯的恐惧来到他们中间；但是，一旦投入他们的怀抱，我就觉得自己变样了。……从生活的巨潮中，从同时注视我的千百双眼睛的温柔视线中，我学会了更多东西。"聂鲁达向群众学习、为人民有所担当的姿态，影响了包括斯卡尔梅达在内的一大批拉美作家。在《邮差》中，诗人与邮递员的深厚友谊象征着作家与人民的携手，象征着最纯粹的文学与最朴实的劳动生活的结盟。在那一批走上流亡之途的拉美作家看来，当自己的祖国还存在极不公正的社会现实、反抗压迫的斗争仍在进行中的时候，作家不应当背过身去歌咏风花雪月，而应当勇敢地担负起改造现实的责任。

谁说诗歌无用呢？在小说中气氛即将达到高潮的部分，渔民们齐聚在黑岛的小旅馆内，围住布满雪花的电视画面，倾听通过卫星转播的聂鲁达在诺贝尔文学奖颁奖仪式上的答谢演说。聂鲁达引用法国诗人兰波的话说:"只要我们怀着火热的耐心,到黎明时分,我们定能进入那座壮丽的城池。"小说的原标题就来源于此。聂鲁达明言,他的话是对"善意的人们,对劳动者们,对诗人们"说的,诗人对美好的未来从未失去信心,不倦地用诗歌给人们传递希望,"吟唱诗歌不会劳而无功"。在故事中,这是诗人对智利社会主义革命的鼓励;在作者构筑这一片段时,这是流亡作家对智利民主必胜的暗示;今天读来,我们若还能觉得感动或是励志,那就证明文学的价值依然存在。

最后的高乔人

"《堂塞贡多·松布拉》并不是一本现实主义的小说,吉拉尔德斯也不是一个现实主义的作家。"我手上的这本《堂塞贡多·松布拉》[1]出版于1984年,译者王央乐先生在前言中非常清楚地指出了这一点。正如《堂吉诃德》并不是中世纪骑士生活的真实写照,而是以戏谑的方式展现远逝的骑士理想,《堂塞贡多·松布拉》也并不是对阿根廷高乔民俗的忠实记录,而是以诗意的、浪漫的方式再现早已风光不再的高乔人的形象。故事是以第一人称叙述的,而书名本就蕴含着虚幻的意味:"堂塞贡多·松布拉"是与主人公一道远走天边的那个高乔人的名字,"松布拉"(sombra)在西班牙语中是"影子"的意思。游牧的生活方式终究消失在走向文明、通往现代化的进程中,成为没有实体依附的幻象。南美潘帕

---

[1] 里卡多·吉拉尔德斯,《堂塞贡多·松布拉》,王央乐译,上海译文出版社,1984年。

斯草原上的高乔，北美西部原野上的牛仔，都被幻化成了影子：前者成了如堂塞贡多·松布拉这样的经典文学形象，后者成了类型电影的英雄主人公。

关于高乔人的起源有种种说法：或是西班牙殖民者中犯了事的亡命之徒从城市遁入茫茫原野，与散居在草原上的印第安人相结合生下后代，或是不堪白人主子压迫、踏上逃亡之途的印第安人实施报复，将白种女人掳走带往草原，生出混血后代，或是城市中的印欧混血人找不到活干，只好去往草原谋生，成为游牧民族……总之，在文明世界居民的眼里，高乔人的起源是卑贱的，他们居无定所，与城市为敌，是文明的弃儿——有语言学家就将"高乔"（gaucho）一词与印第安土语中的"guacho"（孤儿、私生子）一词联系起来，试图以此探究高乔人的真正起源。在《堂塞贡多·松布拉》一书中，主人公"我"就是一个生下来不知其父是谁、年幼被带离生母身边的苦命男孩儿。他的理想就是成为一个真正的高乔人。而在他自己选择的生活中，他经历千辛万苦，终于获得了这在他看来无比崇高的身份。

"我一动不动，望着这匹马和骑者逐渐远去；他们在光亮的地平线的衬托下，显得出奇的高大。我仿佛看见了一个幻景，一个影子，一个转瞬即逝的东西；它更像一个思想，而不像一个生物；它是一种以漩涡的力量拉着我，把我吸进河水深处的东西。"堂塞贡多·松布拉的出场，被作者设置为与主人公的偶遇，透着神秘主义的色彩。年少的"我"厌恶居家生活，沦为街头小混混，外表放荡不羁，实则内心孤独而空虚，并不知道人生是否应当有意义、有方向，直到某一天在穿越一条街道时冷不防惊了一匹马，由此见到了马背上的堂塞贡多·松布拉，一位远近闻名的高乔骑手，"我"命中注定要遇见的人。在作者的笔下，松布拉的背影对于这个男孩儿来说仿佛是一种启示，命运之路突然就清晰地展现在他眼前，使他不得不听从内心的召唤——借用今天的励志话语来说，就是"follow your heart"。"一种要求永远离开这个厌烦的市镇的愿望，从来没有这么强烈地涌上了我的心头。我看见了一种新的生活，由活动和空间组成的新的生活。"高乔人命运的起源，就是对城市生活的抗拒，是对无限自由的向往，将"天苍苍，野茫茫"的辽阔空间视为自己最终的归宿。

用今天的眼光来看，这种生活多么美妙，虽则居无定所，却是百分百的"诗意地栖居"。而在19世纪的阿根廷知识分子眼里，这种生活却意味着野蛮落后，是应当遭到弃绝的。大政治家多明戈·福斯蒂诺·萨米恩托在他的名著《法昆多：阿根廷潘帕斯草原上的文明与野蛮》一书中就将高乔人的生活方式视为本国文化中的有害因素。在他看来，阿根廷的广袤原野和凶悍牧民都不利于这个国家发展成为像英法那样的强国。他在书中断言:"没有对土地的永久占有,没有城市,就不会有进步。正是城市让人的创业才能得以施展,让他获得更多的财富。"他看不起本国的野蛮人,心仪在欧洲取得成功的资本主义生产方式:土地私有,而非任由高乔牧民恣意驰骋其间;由城市集中大量人口,最大限度地利用人力资本,以最有效率的方式制造越来越多的财富,不断发展进步,不再要田园牧歌的散漫而循环往复的生活。高乔人对体力的看重、马术的精湛,以及一往无前的勇气,在他看来并不是优点,而是文明的反面。高乔人无视民法,无视秩序,与受过教育、拥有学识的人为敌,实在是阿根廷的祸患。于是,伴随着阿根廷走向现代农牧国家、走向"世界粮仓"这一美誉的,是高乔人以及所有原住民发出的悲歌。草原被规划,被开发,被分隔成一个个牧场,高乔人从自由骑手转为在各个庄园间往返的短期雇工,而后又成为领取固定工资的农牧业工人。高乔文化的衰落,虽则用现代的眼光来看是一种"进步",但这种进步却是伴随着欺诈与压迫的,是满带着高乔男儿的血泪的。高乔人对不公命运的控诉,最集中地体现在何塞·埃尔南德斯于1872年出版的长诗名篇《马丁·菲耶罗》中。1926年,当里卡多·吉拉尔德斯出版《堂塞贡多·松布拉》时,纵马驰骋的高乔人已然成为遥远的传说了。虽则独立后的阿根廷一度拒斥高乔人,然而在阿根廷民族主义神话的建构过程中,经由诗歌、小说、电影的回忆和想象，高乔人的形象逐渐变得光辉崇高起来，成为阿根廷的民族标志。

出版一年之后即获阿根廷全国文学奖的《堂塞贡多·松布拉》以一种对高乔生活理想化的叙述，触动了那些在大城市中过按部就班的日子、渴望激情与冒险的文学青年的心弦。素以纯种欧洲人后代自居的阿根廷人，在对高乔生活的想象中寄托自己的隐秘"乡愁"。在博尔赫斯的著名短篇《南方》中，主人公就以梦幻的方式复制了他的先辈的"浪漫主义"的死亡——从城市深入原野，接过由高乔人扔来的刀子，与当场羞辱自己的人展开决斗。文明意味着举止优雅、深思熟虑，也意味着缺乏勇气、优柔寡断。野蛮意味着不修边幅、粗鲁莽撞，也意味着勇猛彪悍、男子气概。阿根廷人在《堂塞贡多·松布拉》中看到了真正的男人，看到了克服文明病、医治感伤情绪的良方；他们可以很自豪地说：喏，真正的阿根廷男人就是这么 man（男人）的！

追随着堂塞贡多·松布拉的身影，主人公踏上了浪迹天涯的旅途，在一次次的磨砺中塑造自己，直至成长为一个地地道道的高乔人。他学会了驯马的技能，也学会了收敛自己的感情；他品尝了风吹日晒雨打的痛苦，也体验到强烈的生命意志在胸中的搏动；他在斗鸡的豪赌中赚得大钱，又在赛马的游戏中输得精光，也认识到真正的财富并不是金钱，而是生活的道理，是生活本身。他的生活是体力和技能的发展丰富，也是智慧和心灵的成长完善。激烈的搏斗场面时时出现：人与恶劣天气的搏斗，人与马的搏斗，人与牛的搏斗，人与人的搏斗……高乔人就生活在持续不断的斗争中。故事是励志的，也是诗意的。茫茫原野上，在主人公使尽全力刺死了一头不羁的公牛之后，"在我完全失去知觉之前，我只觉得我们两个都一动不动，停住在这原野和天空的寂静之间。"所有的勇猛和精力都凝固了，在荒凉的背景上，结束争斗的人和牛都获得了悲壮的意味。

　　主人公与一直在默默地教导他、指引他、帮助他的堂塞贡多·松布拉结下了深厚的情谊。这种情谊很难说清楚：像师徒，像父子，像兄弟，像战友……"两个男人经历了出生入死的危险，就会变得十分亲密，好像一对经过了拥抱之后的男女一样。"他们都很忌惮显露自己的感情，就连分别时也尽力保持沉默，因为"悲伤是怯懦的表示"。他们的分别出现在故事的最后，或许是整部小说中最动人的段落。当主人公已然脱胎换骨为一个好骑手时，他收到了一封信，原来他的生父去世，他继承得一大笔财产，从此结束游荡生涯，过上了庄园主人的生活。堂塞贡多·松布拉在他的庄园里过了三年，终于不能忍受待在同一个地方的生活，必须离开了。对于真正的高乔人来说，人生就是持续不断地在路上。而主人公必须留下管理家产。他们以最简短的方式做了告别。

我的寄父的缩小了的侧影,出现在山岗上了。我的目光使劲地抓住这片昏昏欲睡的潘帕斯草原上那一点点细微的动静。他就要到达大路的高处,然后消失。他变得越来越小,好像从下面不断地砍掉一样。我的眼睛集中到他像个黑点那样的帽子上,热切地盼望这最后剩下的东西多留一会儿。

在散文《骑手的故事》中,博尔赫斯引用了《堂塞贡多·松布拉》最后一章中的这个片段。堂塞贡多·松布拉与马丁·菲耶罗、匈奴王阿蒂拉、成吉思汗和蒙古骑兵一道,成为在"文明"的进程中渐行渐远的经典骑手形象。这最后的高乔人默默消失在天边,一去不返,令人惆怅,只在文学史中留下了一道永远的意味深长的背影。

墨西哥面具的秘密

四年前我在墨西哥时，曾读到某家报纸的一期特辑，是一次非常有趣的活动：让世界各国的小朋友把他们各自想象中的墨西哥用彩笔画出来。在孩子们各色各样的作品中，有几个元素是重复最多的：仙人掌、大草帽和金字塔。我想大多数中国人对墨西哥的印象也无外乎此，它们已成为经典的墨西哥身份标识。这些被原型化了的符号在一定程度上映射着外人对墨西哥的视觉感知：仙人掌是孤独耸立在沙漠中、用厚皮尖刺拒绝亲密接触的植物；硕大的草帽及其阴影遮蔽了戴帽者的面孔；而金字塔大概是最为高深莫测的人类建筑作品。墨西哥似乎总是笼罩着一层神秘的面纱；在美洲各国人中间，墨西哥人似乎更为内向，更倾向于寡言少语，冷淡得似乎还有点酷酷的感觉。果真如此吗？对一个民族笼统的、定型化的印象，往往是由无知造成的。要真正了解一个国家和这个国家的人，最好是实地感受、亲身体验。假使我们承认存在"民族性格"这个东西，我们也不应把它当成是某种先验的力量——归根结底，墨西哥人展现出来的整体性格轮廓是所有墨西哥人所有表现和行动的结果。要真正了解墨西哥人何以如此，还得追溯往昔，在他们的历史和神话中寻找可能的答案。在这方面，墨西哥现代作家展示出特别的热情，尤以两位有丰富海外经历的作家为甚：卡洛斯·富恩特斯和奥克塔维奥·帕斯。前者已有不少小说和散文作品译介为中文，后者在中国则更多被介绍成一个大诗人、诺贝尔文学奖得主，其关于墨西哥国民性的名作《孤独的迷宫》则似乎一直被淡忘。事实上，在墨西哥人看来，对于任何一个想了解墨西哥民族群体心理的外国人来说，不管他/她能在多大程度上读懂，自1950年初版以来就不断重印的《孤独的迷宫》是必读的经典。这部著作也因文字的优美和雄辩，成为载入西语文学史的散文名作。今年是奥克塔维奥·帕斯诞辰100周年，我在网上看到由墨西哥官方展示出的帕斯作品中译本，数量并不算多，出版年代也大多比较久远了。想想我在墨西哥的图书馆里看到的西文版帕斯全集，阵容之浩大，这位大师在中国的译介想必还有很多工作可做。

许多人都有这样的体会：远离了祖国，反而更清晰更透彻地了解了祖国。《孤独的迷宫》对墨西哥人深层心理的探究，便是从作者在美国求学生活的个人经验开始的。他把目光对准了一个独特的群体：在美国南方城市的街头游荡的墨

奥克塔维奥·帕斯（Octavio Paz，1914—1998）

西哥裔年轻人。他们身上具有一种被帕斯称为"墨西哥性"的东西，使他们始终与美式生活方式格格不入，使他们能被来自本土的同胞一眼就认出来："在我看来，将他们与其他居民区分开的，是他们的那种飘忽不定、躁动不安的气质。具有这种气质的人喜欢伪装，总是害怕别人的目光，生怕被别人看一眼就好像被剥光了衣服，一丝不挂。"作者继而将墨西哥人与美国人做了有趣的比较：美国人爱读童话故事和侦探小说，墨西哥人迷恋神话和传说；美国人是乐观主义者，墨西哥人是虚无主义者；美国人是开朗的、幽默的，墨西哥人是忧郁的、更喜嘲讽的；美国人享受自己的发明创造，墨西哥人享受自己的伤口……帕斯看自己国家人的目光，无疑是带着自嘲的意味的。这种自嘲或多或少是与墨西哥人在他们的强大邻居面前保有的自卑情结相关联的。在《孤独的迷宫》成书的年代，美国已经成为世界上最强大、最现代化的国家，而墨西哥似乎才刚刚"进入历史"，还在现代化进程的起点上跃跃欲试。帕斯对本民族深层心理的思考，一方面折射出墨西哥知识分子对墨西哥何以落后这一问题的焦虑，一方面也昭示着一种启蒙精神——反躬自问，以理性的思辨把握自身，对自我进行清醒的批判，是现代性最核心的原则之一。在帕斯的笔下，民族荣誉感的神圣光芒消逝了，墨西哥的过去和现在赤裸裸地躺在了批判的锋芒之下。

几乎所有的电视旅游节目在游到墨西哥时，都会把镜头在摔角台上聚焦片刻。在如今风靡全球的墨西哥摔角文化中，最引人注目的是那些永远戴着面具出场的摔角手。在墨西哥大开眼界的观光客，若想带些什么具有当地特色的东西作为纪念，也往往会从街头小贩那里买几个摔角手面具玩玩。我还记得在游览特奥蒂华坎金字塔时，有会讲好几国语言的小贩跟在游客身后兜售工艺品——那是古代墨西哥人用玉石制作的面具。活跃在墨西哥南方的游击队领袖马科斯，也总是以蒙面形象示人，只露出一双眼睛和常常叼着烟斗的嘴，不知迷倒多少女粉丝。在外国人看来，面具似乎是墨西哥文化的一种象征物，面具背后似乎隐藏着墨西哥民族性格的奥秘。而在帕斯看来，与其说面具掩盖了墨西哥人的本质，不如说墨西哥人的本质就在于面具本身。他在书中提出了一对心理概念：封闭的和开放的。墨西哥人的心理倾向于封闭自己，这样做可以保证安全，确保尊严的不丧失。这个长期面临敌对和威胁、在冲突不断的环境中成长起来的民族，如同仙人掌一样在自身的周围筑起坚固的城墙，远离了世界甚至也远离了自己，沉浸在百年千年的孤独中。这种心理特质可以解释为什么墨西哥人如此偏爱形式、仪式和秩序，过分地讲究礼貌，以谦卑的姿态待人，以及墨西哥男人特别看重的所谓"男子气概"——沉默是金，打开心扉就意味着放弃男儿本色，像女人那样以身上那道永恒的裂口承受羞辱。帕斯的分析无疑是精彩的，更多带有文学性而非科学性，往往给读者一种玄之又玄的感觉。翻着帕斯的书来给墨西哥人的精神特质对号入座，以考虑如何与墨西哥人打交道，自然是一种按图索骥式的愚蠢办法。毕竟，严格来讲，《孤独的迷宫》算不得是一部如《菊与刀》那样的人类学著作，只不过这种以诗人之笔写出的性格分析是饶有兴味的，为我们如何看待这个民族提供了一种有哲学意味的参考。

关于一个民族如何起源的说法往往是笼罩着圣光的神话。至于墨西哥民族的起源，究竟该采用阿兹特克人或是玛雅人的神话传说，还是采用西班牙人的神话传说？在20世纪初的墨西哥大革命之后，混血人种为民族主体的观念得到官方意义上的确认和推广——墨西哥人既非单纯是本土印第安人的后代，也非单纯是西班牙人的后代，而是由这两个民族加上陆续迁徙而来的新移民群体融合而成。混血的说法虽则利于和谐团结，却掩盖了事实上的不平等——这个社会始终是白人居于最上层、印第安人居于最下层的金字塔结构，也掩盖了历史的血腥残酷——混血绝非来自于浪漫爱情，而是以暴力方式实现的，西班牙人是征服者，印第安人是战败者。在帕斯的笔下，墨西哥民族的创世神话无奈地体现为一个为人不齿的行动：强奸。当事人双方，一位是西班牙征服者埃尔南·科尔特斯，一位是科尔特斯的印第安女奴玛琳切。前者对后者的强暴，成了混血民族的肇始。粗暴而不负责任的父亲、忍受屈辱的母亲、感觉自己被抛弃的儿女，构成了墨西哥家庭的原型。墨西哥人与生俱来的不安全感和自卑感，对暴力的迷恋，对自身传统的鄙弃，其来由都可以追溯到四百年前那场具有浓厚象征意味的强暴行动。从这一史实出发，帕斯对墨西哥国骂和西班牙国骂的比较尤为有趣——后者是"婊子养的"，前者的字面意思则是"被强奸的女人养的"，这代表了两种不同的对人类尊严的理解方式。而帕斯感到忧心的则是，墨西哥人不愿正视这一史实，从而有意忘却历史，如此则不能如正常民族那样进入历史，也就是说，加入到现代化进程之中。

帕斯回溯往昔的目光并没有仅仅停留在 16 世纪的征服史之中。从殖民地时代到独立战争，到自由派改革运动，再到大革命，作者梳理了本国本民族思想变化的历史，尤为可贵的是，他不仅肯定了墨西哥大革命的积极意义，也对这场革命的缺陷和革命之后的现状做了批判。帕斯的父亲曾担任过革命领袖萨帕塔的文书，作家因而与大革命有亲身接触。在帕斯看来，革命之后的种种乱象来源于革命的两大缺憾：思想先驱的缺乏，以及墨西哥革命与普世性意识形态的断裂。革命并没有把墨西哥带入"现代化"，旧制度的幽灵在革命烈火之后满血复活，以"革命"为名的新的统治集团——墨西哥革命制度党以革命的神话来掩盖现有的矛盾。在这样的语境中，帕斯的批判无疑是兼具理性和勇气的。另一方面他也指出，墨西哥知识分子并没有好好利用专属于知识分子的宝贵武器：批判、反省、理智。"结果是，臣子的精神——这是所有最终掌权的革命的自然结果——已经进入到公共活动的几乎所有层面了。"让奥克塔维奥·帕斯成为公认的伟大作家的，不仅是他的创作才能，也是他的批判精神。

独裁者的阴影

对于所有正直的人来说,独裁统治是巨大的灾难。在艰于呼吸视听的环境里,文学要么沦为权力的工具,要么幻化成超脱俗世一切苦难的象牙塔,要么就变成反抗强权的武器——最终能写入文学史并入选中小学语文教材的,多是这最后一种。在拉丁美洲文学史上,我们能找出好多对独裁者及其治下的社会进行强烈抨击和批判的小说来,这类小说被文学史家称为"独裁者小说"或"反独裁小说"。我不得不承认的是,阅读这一类小说所带来的审美经验,往往不是舒适的。既然作家要让你身临其境般体验一个黑暗专制的、魔兽横行的世界,你就不得不随着书中的人物品尝恐惧、焦虑、孤独、绝望等滋味,趟过一个个充满暴力血腥的重口味桥段。作家在用记忆和想象编织这些恐怖图景时,伴随着创作的快感的,是乌托邦式的怀想:但愿这样糟糕的世界赶紧消失,让自由和民主的曙光也能照耀到美洲大地上饱受痛苦的子民。诚然,文学不是赤裸裸的战斗檄文,单单一部小说的力量不足以在短时间内摧毁强大的独裁者和其维系的严酷制度，反倒要受其打压；具有讽刺意味的是，当独裁者宣布某书为禁书，甚而下令当众焚书时，却也为这样的书打出了绝佳的营销广告。这样的奇迹常在拉美文学史中出现。

在我们谈论拉美文学中的这一类小说时，危地马拉作家米盖尔·安赫尔·阿斯图里亚斯（Miguel Ángel Asturias）的《总统先生》[1]是一个绕不过去的起点。在拉美文坛后起之秀们创作的经典中，无论是马尔克斯，还是富恩特斯或略萨的作品，无不能找到与《总统先生》有所联系的痕迹。阿斯图里亚斯塑造的那个心狠手辣的危地马拉总统，成了所有文学表现的拉美独裁者的原型，无论那个后来的独裁者是墨西哥人，还是秘鲁人、哥伦比亚人、多米尼加人……他的阴影伴随着作家颠沛流离的职业生涯——这样一部长篇巨制，1922年有了初稿雏形，1932年完稿，1946年方才在墨西哥出版，也伴随着具有伟大现实主义传统的拉美文学史，直到今天。

书名"总统先生"，仿佛是对独裁者的尊称。"先生"（El Señor）一词，也可译为"大人"，而它在西班牙语中还可以用来指称上帝。总统是上帝？在整部小说中，总统确实

---

[1] 米盖尔·安赫尔·阿斯图里亚斯，《总统先生》，黄志良、刘静言译，上海译文出版社，2013年。

被表现得有如主宰一切的神。作家留给总统先生的戏份和台词并不多,以至于这个形象始终保持着神秘的面目。他长时间躲在暗处,"谁也不知道总统在哪里安寝,因为在城郊有许多处总统的官邸""谁也不知道总统什么时候入睡,因为他的朋友们断言他从不睡觉"。他就从那些谁也不能确切知道的地方发号施令,这一道道命令有如谜团,永远让人猜不着他的真正意图,以至于故事情节的进展仿佛都在受这位全知全能之神的摆布。那些自以为得到总统信任的人,前一分钟还在为替总统办了一桩漂亮事而得意洋洋,下一分钟就被冷酷无情的军警送进了地牢;那些被从地牢里押到大人面前来的人,满以为自己就要被判处极刑,却被告知获得自由,而条件是给总统当密探。总统要谁死,谁就得死,就好比被送上了祭台,以喷涌的鲜血来献祭权力之神,以保证自然秩序、统治秩序的恒久稳定。小说中有一段对总统办公室窗外庭院中祭神仪式的描写,是整部小说中最富神秘意味的段落之一。在此复活的不仅是原始宗教,更是对最高权力的原始崇拜:"托依尔神果真来了,他驾驭着一条由鸽子的乳汁汇成的河流,飘然降临。""只要你这位火的赐予者能把火种还给我们,免得我们的皮肉、骨骼、指甲、舌头、毛发受冻受寒;只要你能让我们继续活下去,干什么都行,尽管我们自己也在自相残杀,随时都会死去。"总统先生在这里与托依尔神合为一体,独裁者形象的内涵从而得以更为丰富——

拉丁美洲的这些代代无穷已的独裁者，不仅是强制推行天主教的西班牙殖民者留下的遗产，也是印第安原住民文化的遗产。作家在小说中揉入大量的危地马拉玛雅人神话元素，不是为了讴歌先祖的荣耀，而是要探究本民族的深层心理——这个在人口构成中印第安人和印欧混血人占主体的民族，是不是与生俱来就适合于接受独裁统治而非民主制度？这是隐藏在独裁者幽暗形象背后的巨大问号。这样的问题，很容易让我们联想到瑞士心理学家荣格提出的"集体无意识"概念。在荣格看来，除了个人无意识外，还存在着一种集体的、普遍的、非个性的、在所有个体中都一致的心理系统。这种集体无意识由遗传得来，由先在形式——原型组成。总统先生-上帝-托依尔神，就可以看作是一种根植在危地马拉民族心理深层的原型。只要一经唤起，人们就自动地臣服在最高权力的巨大阴影之下，由着自己的命运为极权制度所掌控。怎样才能摆脱任人宰割的残酷命运呢？发动一场天翻地覆的革命么？在小说中，革命的宣言也时而出现，然而在其上下文中却显得不仅不壮烈，反而幼稚可笑了。被总统列入死亡名单而出逃边境的将军，慷慨激昂地领导一场起义，最终莫名其妙地死于食物中毒。在牢里呼唤着"冲破牢门、出去干革命"的大学生，出狱后精神恍惚，回到坐落在"一条死胡同尽头"的家里，听母亲诵经。

阿斯图里亚斯是在流亡法国的生涯中最终完成《总统先生》的写作的。在作品中，我们感受不到作家对祖国未来的半点希望，有的只是苦闷、讽刺、愤懑……他所展示的是一个贫穷、肮脏、令人作呕的世界。他不厌其烦地描写本国人的粗鲁举止：酗酒成性、随处吐痰、当街擤鼻涕……就在城市中心的街道上，乞丐们在垃圾堆间为一点点可怜的食物展开搏斗，野狗结伴乱窜，兀鹫飞来啄食死猫的尸体……这样的街景，无疑与官方话语所宣扬的建设"文明国家"形成强烈反差。比街景更恶心的是人心的腐化、道德的败坏。在这样一个街头流氓也能成为政权帮凶的社会里，只有靠撒谎欺骗才能通向个人成功，所有想凭真本事吃饭、在自己的专业技术领域内施展抱负的人都沦为可笑的理想主义者。人与人之间缺乏信任，因为在总统先生的阴影之下，整个社会已经成了一张由告密者组成的庞大网络，除了独裁者之外，每个人都在监视别人并且被别人交叉监视。总统忙着收看从这复杂的监视网络源源不断传来的信息："谨向总统先生禀告如下最新情况：有人看见将军曾去过阁下的朋友堂米盖尔·卡拉·德·安赫尔的家。据那里负责监视主人和贴身女仆的厨娘和负责监视主人和厨娘的贴身女仆分别报告……"按照我们惯有的二元对立思维模式，我们往往会认为，在一个不合理的制度里，当权者是恶的，人民是好的。小说向我们揭示的是，在这样一个丑恶的制度里，应当遭受谴责的不仅是掌权者，那些被压迫的、受欺凌的人，也同样可鄙可恶，他们为了生存不要尊严，他们也是权力的同谋和帮凶。若说在这个笼罩在独裁者暗影之中的世界有一丝光亮、一点诗意的话，那就是总统亲信米盖尔·卡拉·德·安赫尔与卡纳莱斯将军的女儿卡米拉之间的爱情，尽管这种爱情来源于一个由总统精心编制的阴谋。这一阴谋的目标是置将军于死地，安赫尔被指派的任务是闯入将军家中将他女儿劫走。总统希望一切按照他的设想进行，然而安赫尔却对可怜的卡米拉动起了感情。怜爱升华为爱恋，继而要以婚姻的形式凝结幸福。伟大的爱情，让安赫尔觉醒，让他从一个麻木的权力工具变为自身命运的主宰者，让他胆敢超越主人的授意，与总统仇人的女儿缔结姻缘。然而这伟大的爱情，成就的却是一出结局极为凄惨的悲剧。在最后的章节中，总统并没有出现，我们仿佛可以在那惨烈悲凉的叙事中，感觉到独裁者躲在暗处发出的嘴角上滴着鲜血的冷笑。

阿斯图里亚斯于 1967 年因"他的作品深深植根于拉丁美洲的民族气质与印第安传统之中，因而显得动人心魄"而荣获诺贝尔文学奖。当年因政治迫害而流亡欧洲是出于无奈，却也为他的文学创作提供了资源，并打开了通向西方世界、获得主流承认的门路。在与法国艺术家的交往中，他领略到超现实主义的魅力，开始探索文学表现的新的形式——

为什么不能把欧洲最先锋的艺术理念与美洲最古老的印第安文化传统连接起来呢？拉美文学不正可以借助超现实主义回到被西方文明长久遮蔽的土著潜意识之中吗？在《总统先生》中，我们可以看到作家在探索文学表现的新形式上所做的努力。有时候读着那些画面感极强的段落，诸如"他的手仿佛变成了一股喷涌的水柱，无数根手指组成的水柱……成千上万只手指甲纷纷落到地面""那些穿红裤子的人把自己的脑袋摘下，抛到空中，落下来时却没有去接"这样的描写，很容易联想起弗丽达·卡洛或萨尔瓦多·达利的绘画。古老神话的挪用、心理独白、梦境的描写，无不是拉丁美洲现代文学的开创之举。这些文学试验被马尔克斯、富恩特斯等新一代的作家继续下去，从而成就了拉美新小说"爆炸"性的辉煌。

玉米民族的神话与现实

在中美洲玛雅-基切族的创世神话《波波尔·乌》(*Popol Vuh*)中,众神先是用泥土造人,结果发现泥人一遇水就坍塌瓦解;接着试用木头造人,结果发现这些木头人没有心灵,没有感情,只是一群呆板笨拙的生物;最后,他们试着用玉米造人,大功告成:这些由黄色的和白色的玉米面团造就的肉体,有精神,有智慧,能与众神、与世间万物相沟通。玉米造人,是这部著名神话最广为人知的片段之一。它深藏在中美洲原住民的集体记忆里,历经殖民征服、种族屠杀的一轮轮劫难而留存至今。不了解这段传说,就难以理解为什么玉米在中美洲居民的心目当中有如此重要乃至神圣的地位。

"玉米万岁!"这是墨西哥《日程报》2010年某期的版面上刊出的巨大口号。这不是在庆祝哪个传统节日,而是一个民权组织发出的抵制转基因玉米的呼吁:墨西哥是玉米的发源地,拥有世界上品种最丰富的玉米,携商业利益而来的转基因玉米势必会破坏土生玉米的多样性;为了捍卫"我们的玉米",捍卫"我们的"玉米卷饼、烤玉米饼和玉米鸡肉汤,墨西哥公民应当行动起来,了解并尽可能让更多的人了解转基因玉米的危害。这一行动的名称是:Sin maíz no hay país(没有玉米就没有国家)。可见玉米这一农作物已上升到政治的层面,与保护民族身份、捍卫国家主权的斗争相联系了。在拉丁美洲,原住民——印第安人文化绝不仅仅是为猎奇者、观光客和人类学家而存在的神话传说和博物馆展品,它也关涉着活生生的、充满尖锐斗争的现实。关于玉米的神话传说和文艺作品,不仅有历史意义,也有现实意义。

《玉米人》[1](*Hombres de maíz*)是危地马拉作家米盖尔·安赫尔·阿斯图里亚斯发表于1949年的小说,是这位1967年的诺贝尔文学奖得主最经典也是最难懂的作品之一。长篇巨制的故事就是从一场因种植玉米而起的战争开始的。对阵的一方是捍卫世代生活的土地的印第安人,另一方则是拉迪诺人——西班牙人和印第安人的混血后代,他们侵入印第安人的土地,开山烧荒,为的是种植用于商业目的的玉米。围绕土地的斗争是外国资本与原住民传统生活方式的斗争,也是两种对立的价值观的斗争:那些野蛮侵入的玉米种植者只顾着赚取利润,"他们是拿玉米做买卖",而在印第

---

[1] 米盖尔·安赫尔·阿斯图里亚斯,《玉米人》,刘习良、笋季英译,上海译文出版社,2013年。

安人看来,"种地吃饭是人类的天职,人本来就是玉米做的。可是,种地做买卖,只会让玉米做成的人遭受饥荒。"作者的立场,很明显是站在印第安人这一边的。率领族人保卫土地的印第安酋长被描绘成力大无穷的"无敌勇士",有长着玉米叶一般的耳朵的黄毛兔子做他的保护神,而拉迪诺人则是靠着凶残的骑警队撑腰、喜欢使阴招伤害对手的猥琐小人。

作家自然倾向于站在弱势群体这一边,然而作家的呼声面对权力和资本的意志,往往又是无可奈何的。在这个经济利益至上的时代,不是作家而是"专家"说了算。"专家"对如何获得最高产量、攫取最大利润一定能拿出最佳的方案,却不一定真正了解传统生产方式中土地和人的关系。如果说将玉米商品化的做法代表了现代生产方式,是经济发展的大势使然,而坚持传统农业生产方式就是抵制进步,是愚昧落后的表现,未免过于简单了。就像我们不能用西方古典艺术的标准来看中国古代艺术一样,美洲印第安文明的优劣与否也不能以现代西方的认知体系来衡量。"文明"与"野蛮"的机械二元观,早已是被证伪的思维模式。

墨西哥人类学家吉耶莫·邦费尔(Guillermo Bonfil)曾在《深层墨西哥》(*México profundo*)一书中对中美洲印第安人的生活方式做了简洁而全面的勾勒。由他的描述来看,印第安人的农耕传统自成一套并不简单的体系,是与其宇宙观紧密联系的,而与资本主义生产方式则是格格不入的。印第安人不仅懂得如何巧妙地利用农作物的不同属性在玉米田里穿插种植其他作物,也懂得如何利用不同的地理条件以求得高产;他们会根据不同地形使用不同的农具,会修建水利设施,会捕获动物和昆虫来补充营养……所有这些都意味着一整套传承多年的经验知识。在印第安人的观念里,并没有分门别类的"农业""宗教""诗歌"这样的概念,因为人面对自然的态度是整一的。不似西方人那样将人与大自然相对立,一味地要征服自然,印第安人将人看成是大自然的一部分,始终将人性与宇宙秩序视为一体。在《玉米人》中,就常出现这种人与自然合一的暗示:有时是古老的传说,比如,印第安人相信,每个人都有自己的"纳华尔",即保护自己的动物;每个人都能脱去人形,变成保护他的动物(纳华尔)的模样,于是,巫医摇身一变成了七戒梅花鹿,邮差不自觉地变成了野狼,留下令人惊悚的传说。有时则是根植于古老观念的想象,比如描写下雨:"女人的乳头和着了雨的田野颜色相同。田野和乳头一样也是暗褐色,和充满乳汁的乳头一样湿润润的。……大地是个巨大的乳头,是个硕大无朋的乳房。"以大地为母,是农耕民族最悠久的信仰之一。把自然界的事物幻化为人体器官,又具有超现实主义的意味了。所有这些读来有"魔幻"之感的词句,事实上都有助于我们加深对中美洲印第安人的世界观的理解。资本主义文明与中美洲古老文明间激烈冲突的深层根源就在于,前者要求对自然做无限的征服，要求耗尽一切资源完成原始积累，后者则安于与自然的和谐共处，安于自给自足，不求生活物资的过剩和积累。对于前者来说，种玉米是一种投资，对于后者来说，种玉米只为填饱肚子，完成土地—玉米—人—土地的循环。"土地需要骨头啊！玉米就靠吃我们祖先的骨头活着。"《玉米人》借印第安农夫的神神道道的话来述说朴素的真理。

阿斯图里亚斯并不算土生土长的印第安人，他创作生涯中的大部分时间都是在远离祖国的欧美大城市中度过的。这并不妨碍他深入研究本国的印第安文化和印第安人社会问题，反而使他对国族身份的问题更为敏感。既然印第安人的文化传承已经在长年的征服和压迫中支离破碎，既然殖民化时代已经形成了混血文化的现实，如何重拾历史记忆、用征服者的语言重建民族文化呢？肯定印第安人文化的价值当然是值得赞许的，但若仅仅是对土著居民的神话和生活方式做浮于表面、缺乏深思的展示，对展示所用的工具浑然不觉，只会落入风俗主义的窠臼中。弗朗兹·法侬曾深刻地指出，"当民族知识分子迫不及待地试图创造文化作品时，他可能恰恰没有意识到自己正在使用的技法和语言是从自己国家的陌生者手里借来的。他自以为这些工具已经打上了他所希望的民族印记，殊不知唤起的是异域情调。"阿斯图里亚斯有意识地避免了这一问题。在他以《玉米人》为代表的作品中，可以看到一种身份的自觉。用西班牙语来再现土著神话，《玉米人》远非先例。在阿斯图里亚斯看来，遭受殖民灾难后，美洲的第一部伟大小说恰恰是一个西班牙人用西班牙语写的，那就是贝尔纳尔·迪亚斯·德尔·卡斯蒂略的《新西班牙征服信史》，因为这位参与过对墨西哥的征服、后居住在危地马拉的西班牙士兵已经深受印第安文学的熏陶，自然而然地吸收了美洲的东西，成了地道的美洲人。用西班牙语来建立新时代的美洲文学是可能的，只是作家应当意识到，语言是活的，是可以不断丰富、不断创造新的现实的，从而自觉地与殖民宗主国的语言拉开距离。阿斯图里亚斯曾指出："我们的散文脱离了卡斯蒂利亚语的语法规则，因为在我们的语法里，词本身即有一定的价值，正如在印第安语中每个词都有其自身价值一样。每个词都有声音、概念；此外，还有令人着迷的丰富的词序易位。去掉单个词的魅力，任何人都读不懂我们的文学作品、我们的诗。"《玉米人》的文字绝不是畅销书式的西班牙语，而是使用了大量危地马拉方言和俚语，以极为丰富的词藻来再现神奇现实的文学语言。据译者在后记中说，有些词在字典中根本找不到，只好借机求教于危地马拉来访者，提出一二百个语言问题。在此我们应当向这部中文版的两位译者致敬。

斗争与找寻构成了《玉米人》故事的两大主题。小说的前九章是惊心动魄的厮杀、鲜血淋漓的复仇，后面大半部分则是两个男人各自寻妻，以及脚夫伊拉里奥奉命找寻失踪邮差的故事。在小说人物历尽艰辛的找寻路上，似乎也可看出作者找寻的努力——他要找寻被损毁、被遮蔽的民族文化之根，遇见那仍然具有蓬勃生命力的深层历史。邮差尼丘的山中地洞奇遇是故事最引人入胜的片断之一。在地表之下，原来有一个美丽眩目的世界，那里居住着死者的魂灵。"在连绵起伏的山峦底下，生活和其他地方没什么两样。但是，能够穿过地下昏雾来到金碧辉煌的岩洞的人到底为数不多。他们要走过神秘莫测、鳞光闪闪的黄色岩石地带，要走过像一道固定不动的彩虹似的岩石地带。……这些穿过地下昏雾的人，回家以后都是守口如瓶。"文学的虚构与印第安人的古老风俗连接在一起："婴儿在部落里一降生，他们的父亲、祖父就把儿子、孙子的脐带送到洞中，连同蜗牛的心脏、乌龟的心脏、碧绿的水草、黑蝎子的红窝埋葬在一起。连同咚咚的木鼓的回音一起埋在洞中。在一生当中，这些孩子、他们的父亲、祖父一有机会还要到洞里来，寻找他们的'纳华尔'。"如同生活在地洞中一样，土著文化在统治者的压迫下暗暗生存，在沉默中积蓄着复活的力量。阿斯图里亚斯寻根的努力被后起的小说家们承继下去，终于有了拉美文学"爆炸"的辉煌。

与作者的前一部作品《总统先生》相比，《玉米人》的基调没有那么阴暗。虽然印第安人惨遭屠戮，他们还是借助超自然的力量实现了复仇。而在书中另一个时空的故事里走遍天涯苦苦寻妻的男人，也终得与家人破镜重圆。作者用神话克服现实的苦难，给印第安人追寻幸福、重建家园的斗争赋予神圣的价值。从这点上说，《玉米人》具有一种先知的色彩。其结尾勾勒的图景，仿佛梦幻的乌托邦：重聚的夫妻回到原来的村庄，"搭起屋架，盖了一座更宽敞豁亮的茅屋。儿子们成了家，生了许多孩子。全家人住在一起，有男有女，有老有小，真是人丁兴旺。到了收获季节，全家男女老少像蚁群似的往家里搬玉米。全家人你来我往，川流不息，像煞一只只蚂蚁、蚂蚁、蚂蚁……"这既是被寄予了美好愿望的未来图景，也是过去的图景——遭受劫难之前的传统生活方式，以大家庭为单位的村社生活，循环往复、安宁和谐的田园牧歌。为了保护或恢复世代传承的遗产，哪怕是一点点精神上的价值，不致在这商业利益均质化一切的浪潮中被湮没了身份，这些相信自己是用玉米做成的人们如今还在继续与入侵者斗争。

一个濒死者的梦幻之旅

"我并不喜欢博尔赫斯。"中文版《博尔赫斯全集》[1]的一位译者曾这么跟我说。他是我的一位恩师。其时我还是西班牙语专业一年级的学生,课间休息时,斗胆结巴着跟他谈起"拉美文学"。老先生一边大口喝茶、大口吐烟,一边跟我解释说,博尔赫斯算不得是一个典型的拉美作家,而是一个世界性的作家,因为他的作品涉及的主题遍及世界各大文化。今天想来,恩师实是一个爱开玩笑的人,他未必真的不喜欢博尔赫斯;他的用意或许在于让我这个初学者多多接收与拉美文化有关的信息,多读描绘西语国家风土人情的文学作品,以便迅速地进入西语学习的语境。博尔赫斯太有名了,以至于当年初学西语的我觉得不读博尔赫斯就白学了这门专业,然而真开始阅读时,才发现恩师说的没错——这哪

---

[1] 本文部分参考了王永年先生的译本,见《博尔赫斯小说集》,浙江文艺出版社,2005年。

像个拉美作家。博尔赫斯作品,我从头至尾看完的第一篇是短篇小说《德意志安魂曲》,只觉得叙事者是个既博学又可怕的人,一个死硬的纳粹,而最后的部分道出了深刻的历史哲学。这些与了解拉丁美洲文化没有多么直接的关系。其他的作品,则实在晦涩难懂。对博尔赫斯短篇真正的喜爱,是随着我的阅读经验的扩充和审美视野的打开而渐渐加深的。我至今难忘发现《小径分岔的花园》时的兴奋,谜一样的故事、以侦探小说的形式呈现的哲学、网状时间的概念……而最难忘的、将中文本和原文版反复品味了多遍的,就是《南方》了。

《南方》发表于1956年,收在作者的短篇小说集《虚构集》的第二部分中。在这一部分的序言中,博尔赫斯声称,《南方》或许是他最好的短篇。不难发现,《南方》的主人公胡安·达尔曼与作者本人有不少相似之处:布宜诺斯艾利斯市民,从父母那里分别继承了日耳曼血统和西班牙血统,在图书馆工作,喜读《一千零一夜》……这可算作是一篇用第三人称叙述的自传吗?如果算是的话,这无疑是一篇想象性的自传,达尔曼毕竟是虚构的,正如王小波作品中的"王二"并不等同于真实的王小波。

与博尔赫斯的其他著名短篇一样,《南方》的用词是简洁的、精确的、没有一处文字是多余的,作者很可能几易其稿,才打磨出这样一篇精品。据说博尔赫斯编一个故事,有时候要先在头脑里酝酿好几年，接着还要与朋友讨论构思，精心规划，然后才一句一句地写出来，并且要做无数次改动。《南方》的情节一开始是平淡无奇的，使读者在不知不觉中从现实之境步入梦幻之境，此时回头，想看清现实与梦幻的边界在哪里，始觉玄妙。作者一开始用传记的笔调介绍胡安·达尔曼的家世、他的生活，接着交代他的灭顶之灾的开始，那是1939年2月下旬的一天下午——客观冷漠的讲述，煞有介事的时间记录，仿佛要读者相信，他所讲述的是确曾发生过的真事。达尔曼不慎蹭破了头，得了败血症，在病院里接受地狱式的折磨。接下来我们不知道该怎样复述这个故事了，因为说不清达尔曼动身前往南方的旅行究竟是他康复后所做出的真实举动，还是病床上的他游走在生死边缘时生发的幻梦，而这场幻梦或说噩梦很难判定是在文中的哪一处开始的，我们甚至可以把达尔曼的遭遇横祸和病院经历也当成是梦。作者对达尔曼通往南方的旅行的讲述，则采用了富有诗意的笔调，安排了多处让读者更觉迷惑的细节。达尔曼坐着出租马车离开了疗养院，他"带着幸福和些许昏眩的感觉认出了这个城市"——他是在做梦吗？在驶离都市渐行渐远的火车上，"他想道，他有一身而为二人的感觉：一个人是秋日在祖国的大地上行进，另一个给关在疗养院里，忍受着有条不紊的摆布"——究竟哪一个是真实的胡安·达尔曼？及至他下了火车，来到一家杂货铺，"进门后觉得店主面熟；后来才想起疗养院有个职员长得像他"，而店主居然认得他，叫他"达尔曼先生"——这是不是又在暗示，主人公仍然躺在病床上发高烧做胡梦？在故事的最后，达尔曼接受了粗鲁的好斗者发出的挑战，紧握着他并不善用的匕首走向决斗场——他究竟是怎么死的？这就由着读者去想象了，而读者要想象的大概是故事主人公的想象——假使这一切都是一个败血症患者的临终幻想的话。要把故事的现实部分和虚幻部分绝对分清，是徒劳的，也是有悖文学的游戏规则的。关于这一点，奥地利小说理论家斯坦策尔在论述现代小说的美学特征时做了精彩的解说："现代作家并不满足于讲述一个虚构的故事。虚构与现实的关系本身已成为小说的一个主题。在虚构和现实的交界处与幻觉的游戏为小说家提供了无须写论文便可进行哲学思考的独特机会。"怎能说博尔赫斯不是拉美作家呢？任何一部拉美文学史都不可能忽略他。在如何溶梦幻于现实而不露痕迹的技巧方面，他用以《南方》为代表的短篇小说为后继的西班牙语作家树立了典范，也由此启发了新的审美习惯。他的同胞和弟子科塔萨尔把他的幻觉游戏继续玩下去，成为拉美文学史的又一座高峰。

如果说诸如《德意志安魂曲》和《小径分岔的花园》这样的短篇算不上有代表性意义的拉美文学作品，因为它们的故事发生背景都不在拉丁美洲的话，那么《南方》可算是正宗的拉美文学了。故事中显得亲切的布宜诺斯艾利斯街景、高乔人的形象和借着酒兴而起的决斗，无一不是独具阿根廷特色的题材。我们或可以从文化的角度来解读《南方》：在作者的心目中，城市——胡安·达尔曼久居的布宜诺斯艾利斯代表文明，而达尔曼向往的南方平原则代表野蛮。文明总自认为是高于野蛮的，却也因"琐碎的事务"、极有规律的机械生活而使人冷漠和怯懦。达尔曼这个战死沙场的军人的后代，屈居于市立图书馆中从事凡庸的文职工作。文明鄙视野蛮，却时时意识到自己亦是脱胎于野蛮的，也时时渴望着回归到野蛮的命运轨道上来。在福音派教会牧师的家世和军人家世之间，达尔曼内心里更倾向于后者，"浪漫主义的先辈，或者浪漫主义的死亡的家世"。像外祖父那样死于搏杀，像真正的男子汉那样死去，成了这位宅男时而有之的冲动，这种冲动是与隐藏在文明外表下的浪漫情怀和人的死亡本能联系在一起的。而达尔曼南方之旅的目的地——外祖父的家族传给他的产业，一座仅剩下空架子的庄园，成了一个隐喻："他确信他在平原上的家在等他归去。"于是，这场梦幻之旅也就成了寻根之旅，通往死亡的旅程也就是返回自身根源的旅程，他在手握匕首迎向死亡的那一刻终于找到了自己的身份。现代文明是令人窒息的，却没有完全消灭掉文明人内心里的野蛮欲望，为了满足他的欲望，他不惜死去，哪怕是在濒死之际的梦境里，而对死去方式的自由选择，亦成为对循规蹈矩、充满羁绊的文明生活的反抗。在接受治疗的日子里，达尔曼听任自己被医生摆布，他"恨透了自己，他恨自己的身份，恨自己身体的需要，恨他受到的侮辱"，而在走向决斗场时，"他感觉到，在旷野上持刀拼杀，死于械斗，对他倒是解脱，是幸福，是欢乐"，他终于可以摆脱掉医疗系统的控制，以自甘选择的方式死去。在现实与梦幻的交织中，呈现出人物的双重命运：病床上的达尔曼如文明的庸人一般死去，梦幻中的达尔曼则终以实现那不切实际的理想，战胜了庸俗与怯懦，成了悲剧英雄。

或许，这也是超级博学伟大宅男博尔赫斯先生的隐秘愿望呢。他也有军人的家世，他也爱幻想——他不仅沉迷于阅读如《一千零一夜》这样的奇幻文学，也在文字的世界里编织幻想。文学成了博尔赫斯得以躲避现实的平行世界。博尔赫斯作品本身也成了对文学的阐释：给你一个与现实平行的魔幻世界。《南方》的故事里不时闪现的《一千零一夜》，就是以魔幻来喻魔幻。博尔赫斯是一个不可知论者，一个怀疑论者，万事万物在他心中是永远充满奥秘的，是可以有多种解释的，人对自己行为的深层动机永远缺乏真正的了解，这个世界并不是像实证主义者所确信的那样可以用万能的"理性"来做完美解释的，而这也是理解现代性与现代主义文学的关键。在博尔赫斯的世界里，看不到拉丁美洲现实的苦难，作家仿佛永远置身事外，吝于发表价值判断。《南方》

里有这样一处耐人寻味的细节：在上火车之前，达尔曼走进一家咖啡馆，记忆中的那只任人抚摸的黑猫还在，他抚摸着猫的毛皮，"觉得这种接触有点虚幻，仿佛他和猫之间隔着一块玻璃，因为人生活在时间和时间的延续中，而那个神秘的动物却生活在当前，在瞬间的永恒之中"。博尔赫斯是达尔曼，博尔赫斯也是这只黑猫——历史是不断变换、转瞬即逝的，玄思则是永恒的，他不愿沦为庸俗的时代记录者，他要捕捉形而上的永恒。高高地超越社会政治的现实而闷在书斋里编织奇思妙想，在一些人看来是博尔赫斯作为作家的缺憾之处，在另一些人看来却正是他作为作家的伟大之处。

星空下,最哀伤的情诗

我刚开始在西班牙语专业教书时,教的是本科一年级的基础西班牙语。有那么一段时间,在我的课堂上每次都会出现一个来历不明的旁听生。和他交流得知,他来自中文系,想把西班牙语学会。大凡在本专业旁听西班牙语课的,都是为了将来的饭碗,历经艰辛学成后要么去做外贸,要么去做口译,而这位旁听生的理由很奇特:他喜欢诗,尤其喜欢拉丁美洲的诗,读中译本觉得不过瘾,索性把西班牙语学会读原诗吧。后来出于种种原因,他从我的课堂上淡出了,不过或许是作为报偿,他邀我参加了中文系学生组织的一次读诗会,请我用西班牙语朗读拉美经典诗歌。好些年过去了,不知这位诗歌爱好者是否还保持着当初的激情,而我一直铭记着这段有趣的经历,其中蕴含着一个朴素的真理:诗是必须读出来的,背出来也好,唱出来也好,总之离不开声音的存在。文明的演化常常使我们遗忘口头文学的伟大传统,今天的很多人往往把诗等同于哲理观念的文字载体,弱化乃至忽略了诗的声音的效果。一首好诗总归是内容美与音韵美的统一。以我的阅读经验，一首诗能长久留在我的记忆里，首先是因为其音响印象。就像智利诗人巴勃罗·聂鲁达的名篇《二十首情诗和一支绝望的歌》[1]，我初读时并不完全理解诗的意思，只觉得读来很美，以至在编排一部自创的西语话剧时，植入了原诗的片段作为台词中的爱的告白；今天想到聂鲁达的诗句时，首先忆起的也是这句："Me gustas cuando callas porque estás como ausente"，"s"音的有节奏地重复，赋予了诗句一种醉人的调性，而李宗荣的译法也很精彩："我喜欢你是寂静的，仿佛你消失了一样"。

从诗韵的角度来说，译诗是不可为之事。思想可译，情感可译，音韵之美则无法从一种语言传递到另一种语言，只能在译入语中再造了。正确理解原诗之意本已是难事，要将这些意义注入美妙的形式中，则难上加难。有人甚至说过这么极端的话：诗就是翻译中失去的东西。尽管如此，还是有很多优秀的译者和诗人呕心沥血尝试这不可为之事。《二十首情诗与一支绝望的歌》在汉语世界就有多个译本，译者中既有西语文学研究专家，也有创作经验丰富的诗人，还有对照着英译本转译的翻译家。各位译者围绕这部作品展开跨越

---

[1] 本文所引聂鲁达诗句参考了王央乐、李宗荣、林一安、黄灿然等诸位先生的译本。

时空的竞赛,而这场竞赛至今还没有结束的意思。这也表明,这部初版于1924年的诗集的魅力确乎超越了时间和语种。

发表这部作品时,诗人还没满20周岁。他因这部集子而一举成名。在晚年的回忆录中,他写道:"《二十首情诗和一支绝望的歌》是一本令人痛苦的田园诗集,书里写的是青春期把我折磨得好苦的情欲,还交织着我国南方那使人不知所措的大自然。这是我珍爱的一本书,因为它在刺心的忧伤中展现了生的欢乐。"正如作者所说,爱情、忧伤和大自然,是这部作品最主要的几个主题。

"女人的肉体,雪白的山丘,雪白的大腿,/你献身的姿态像这个世界。/我粗野农夫的躯体挖掘你,/进而使孩子从大地的深处跳出。"这是第一首诗的开篇。这几句足以让作品被人扣上"少儿不宜"的帽子了,不过,对男女之事的赤裸裸的描绘并不等于下流。男人对女人的征服,人对大地的征服——从中爆发出最原始最炽烈的激情。"我爱你"明明白白地出现在该诗的后文中,对女性身体部位的赞颂也显得毫无隐讳。最强烈的欢欣中却也透着哀伤:"黑色的河床上流动着永恒的渴求,/随后是疲倦,与无限的痛。"英国浪漫主义诗人华兹华斯有一句名言:诗是强烈情感的自然流露,它起源于在平静中回忆起来的情感。年轻的聂鲁达是在对往日激情的回忆中创作这组爱情诗的。这个心甘情愿被他征服的女人是谁？诗人从第一首诗开始就不断呼唤的"你"是同一个女孩吗？还是两个？三个？传记作家们想找到答案，细究聂鲁达年轻时的风流韵事，给各首诗中的爱恋对象找出真人原型对号入座，这无疑是有悖于文学的规律的。在诗里，"我"不等于真实的聂鲁达，"你"则很可能是好几位"前女友"的综合体。对于读诗的你来说，"你"可以就是那个让你忘怀不掉的初恋，或者就是你自己。

在诗中，"你"既是昔日恋人的倩影，也是理想美人的幻影。"我记得你去秋的神情。/你戴着灰贝雷帽，心绪平静。/黄昏的火苗在你眼中闪耀。/树叶在你心灵的水面飘落。"这是第六首诗的开头。诗人在回忆录中提到玛丽松布拉的名字，她是"首都的女大学生，是灰色贝雷帽，是极度温柔的眼睛"，玛丽松布拉就是"海和影子"的意思。诗中的"你"无疑有玛丽松布拉的影子。如同在其他的诗中也能看到的，自然风光与恋人形象结合在一起。黄昏与秋日的宁静兼壮丽之美，给这段记忆赋予了热烈又感伤的调性。"在船上瞭望天空。从山岗远眺田野。/你的回忆是亮光，是烟云，是一池静水！"智利的风景，特别是智利南方的壮美雄奇的自然风光、山林、大海、寒夜的星与月，不断在诗中涌现。从拉美文学史上看，聂鲁达的这组情诗代表了当时一种新的审美趋向：在此之前，由鲁文·达里奥引领的现代主义诗歌总喜欢使用异域风情元素，诗句的精巧结构屏蔽了丰富情感；在

《二十首情诗和一支绝望的歌》中我们则看到，拉丁美洲的壮阔大地重新回到拉美诗人的视野之中，并且与充沛的、不加矫饰的感情融合在一起。外省人的身份并不使诗人自卑，反而让他自豪：大山大海铸就的心灵和眼光，是令自小生活在人造环境里的"首都人""文明人"羡慕嫉妒恨的。爱女人就要爱得轰轰烈烈，写诗就要写得恣意洒脱，搞政治运动也要像恋爱那般投入——在诗人看来，生活、诗歌和政治是统一的。

这组情诗中另一首常被人提及的是第十五首，就是以"我喜欢你是寂静的，仿佛你消失了一样"起头的。"你从远处聆听我，我的声音却无法触及你。"恋人的不在场，是西班牙中世纪诗歌中常用的母题，到了聂鲁达的诗笔下，恋人与"我"保持着一种若即若离的关系，恋人在场却又好似不在场，因为她不说话，由此生发出无限的想象空间。爱情的本质就在于，所爱的并非实体，而是自己心灵的投射，"瞻之在前，即之已冥"，还是保持着距离为好。"你从所有的事物中浮现，充满了我的灵魂。/你像我的灵魂，一只梦的蝴蝶，/你如同忧郁这个字。""你"就是"我"的幻梦，"我"的想象，"我"的完美理想。当"我"想着"你"时，"你"无处不在。无处不在，却又远在天边。在诗句的递进中，"你"是渐渐远离了"我"，从"我的声音却无法触及你"，到"我的声音无法企及你",于是"我"只好"随同你的沉默不言不语"。"你"从遥不可及的蝴蝶变成了更加遥不可及的星夜,于是"你的沉默就是星星的沉默,遥远而明亮"。到了最后,你"遥远而又痛苦,仿佛你已经死了",而此时"一个词""一个微笑"又魔力般地将"你"唤醒,仿佛在行进到哀怨的最深处又出现了一束亮光,在忧郁的基调上加添了一层谐趣。

到了第二十首,"你"变成了"她",真正远去了,成了别人的人,成了终于逝去的青春。"我"在星空下的一片寂寥中凭吊往昔。"今夜我可以写下最哀伤的诗句。/ 写,譬如,'夜镶满群星,/ 而星星遥远地发出蓝光并且颤抖。'"满布星辰的夜空,不复是柏拉图诗句中"用千万只眼睛望着你"的诗人的化身,而是遥远并极度寒冷的了。星空在视觉上营造出广漠孤独的氛围,在接下来的诗句中,回旋歌唱的夜风和从远方飘来的歌声又在听觉上加强了这种空间感。"去聆听广阔的夜,因没有她而更加广阔。"站在此地,回想彼时,风景如是,伊人却已远去,于是眼中之景也随心境而变。"我爱她,而且有时她也爱我""我不再爱她,这是确定的,但我曾多爱她!"……爱她或是不爱她的独白往复交织出现在诗句中,不是为了印证小男生的心灵之脆弱,而是为了验证这一句,也是被后人广为传诵的一句:"爱情如此短暂，而遗忘是如此漫长。"如此简朴的咏叹，道出了多少人的心声。然而得不到的岂不是最好的？往往是没有终成正果的爱情，才成为最好的情诗、最美的情歌的主题。隔着时间上的、空间上的、情欲上的距离望去，爱情才愈显真实和纯粹。恋爱、青春和伊人的容颜都转瞬即逝，诗可以将之定格为永恒。傅雷先生曾在《恋爱与牺牲》的译者序中写道："恋爱足以孕育创造力，足以产生伟大的悲剧，足以吐出千古不散的芬芳；然而但丁、歌德之辈寥寥无几。恋爱足以养成平凡性，足以造成苦恼的纠纷：这样的人有如恒河沙数。"在日常的平凡中消耗岁月的我们，纵使不妄想成为伟大诗人，也不妨时不时地在经典诗歌中寻找一下纯粹和永恒。

马蒂的"美洲梦"

《关塔那摩姑娘》是世界上流传最广的古巴民歌之一，也是广受西班牙语学习者钟爱的歌曲。这首歌我怎么也唱不好，因为最初是一位五音不全的西班牙外教教我们认识这支歌的，当时是为了给一次院系的文娱活动献节目，我们那一帮二年级学生在西班牙外教的奇葩嗓音带领下齐声唱出了多么恐怖的调调，天晓得。好端端的世界名曲就这么被糟蹋了。尽管如此，我还是深深地记住了它的部分歌词，译为中文就是："我是一个真诚的人，/ 来自长着棕榈的地方，/ 在我死去之前，/ 我要唱出我灵魂的诗篇。"歌词取自古巴著名诗人何塞·马蒂的诗集《纯朴的诗篇》。

称何塞·马蒂为"古巴作家"比把该国文学史上的其他任何一位伟大作家称为"古巴作家"都更有意义：在马蒂生前，古巴岛还是西班牙的殖民地；正是为了古巴的独立，这位出生于西班牙人家庭的哈瓦那人品尝了牢狱之苦、走上流亡之途，辗转漂泊于欧陆和北美，以笔为枪也拿起真刀真枪，在反抗西班牙殖民统治的战争中献出了自己的生命。在古巴民族主义的叙事中，马蒂成为了一个神圣的角色：他是"独立圣徒"，是民族的伟大"先师"。先师有先见之明：当独立者们还在幻想着得到近在咫尺的美洲大哥——强大美国的武力支持时，身在纽约的马蒂已经预见到了未来的独立古巴乃至整个西语美洲受到北方强邻欺压的命运。在旅美期间，马蒂为美洲各国的多家报刊写了一系列文章，其中既有对美国社会现实的观察，也有对西语美洲前途的思考。在这些文笔优美、内容生动的文章中，最负盛名的是他最初发表于1891年的《我们的美洲》（Nuestra América）一文。对于南北美洲所有讲西班牙语的人民来说，这是一篇充满正能量的文章。气势磅礴而不显空洞，意象丰富而思辨有序。它提出的理想直到今天仍有现实意义。我想，倘使数百年后有人要编一本西班牙文世界的《古文观止》，《我们的美洲》一定会入选。

美洲，即"亚美利加"（América），这个名字来源于"发现"这片大陆的欧洲探险家。"亚美利加"本是包括南北美洲的，后来崛起的美国太强势，于是"亚美利加"成了"美利坚"，成了美国的专有名字。乌拉圭作家埃德华多·加莱亚诺曾揶揄道："北方的那些朝圣者的后代占据了亚美利加的名字和其他一切。现在，亚美利加人指的是他们。我们这

何塞·马蒂(José Martí, 1853—1895)

些住在亚美利加其他地方的人，是什么人？"

是什么人呢？在19世纪之前，他们是西班牙帝国殖民地上的臣民。19世纪初的独立战争之后，他们成了墨西哥人、阿根廷人、智利人、秘鲁人……脱离了西班牙殖民统治，他们大多深陷于无尽的边界纠纷、内战、专制暴政之中，在经济上延续着殖民地的命运，不曾像北方的那个"亚美利加"那样走上真正的独立富强之路。这些讲西班牙语的大小共和国联合起来，组建一个可与美利坚合众国抗衡的自由民主的联邦，是可能的吗？这是西班牙美洲的解放者西蒙·玻利瓦尔未竟的理想。身处美国的何塞·马蒂重拾起这个理想，发出了"我们的美洲"的呼声。这个美洲，是"从布拉沃河到麦哲伦海峡"，也就是北起墨西哥南至阿根廷与智利的美洲，包括了"大陆上的浪漫国族"和"大海中的痛苦岛屿"，相对于北边的英语美洲，是一个继承了另一种精神气质、怀有另一种信仰、另一种理想的美洲。

这个美洲还在昏睡，满足于固步自封的生活，不知外部世界日新月异的变化和可能降临到自己头上的灾难。在《我们的美洲》的开篇，马蒂把这个尚未觉醒的美洲比作自大的村夫，其短浅的目光看不到村子之外那"一步就能跨七里，并且能把他一脚踩在靴子底下"的巨人，也看不到在天上"彗星们激战正酣，穿透沉睡着的空气，将宇间万物吞入囊中"。这个隔绝于世的村庄，不正是后来马尔克斯在《百年孤独》中虚构的那个马孔多吗?"美洲人应该从这种乡村意识中觉醒过来了。"远离故土、身处纽约的马蒂已经具有了现代意识,他看清了西语美洲的现实——尽管这些共和国具有合乎欧洲启蒙理想的政法制度,也拥有港口甚至铁路,但它们在本质上仍处于前现代的阶段,浑噩于循环的时间里,没有融入世界发展的潮流。时值19世纪末,危险正在迫近,因为一个被称为"帝国主义"的怪物已经将美洲的富饶土地放在自己的餐盘中了。"树木们应当站立成排,不让一步跨出七里的巨人通过!"马蒂希望西语美洲的各个共和国能携手并肩应对美国的挑战。

不似美国那般自信,这个"我们的美洲"似乎还没有发现自己。它既没有意识到自己的存在,也没有认清自己的面貌。非但各个西语美洲共和国之间缺乏相互间的了解,即使在每个共和国的内部,国民之间也缺乏了解与共识,有的只是偏见、歧视乃至互相仇视。在殖民地时代就形成的肤色与社会等级对应的秩序仍具有强大的力量,19世纪从欧洲舶来的种族主义披着科学实证主义的外衣,为这种不合理的社会秩序提供了合法证明。马蒂所言的"我们的美洲","我们"不但指西语美洲的各个国家和地区,也指所有肤色的人:白人、黑人、印第安人、混血人……同样包括男人和女人、市民和农民、军人和平民。他在文中告诉西语同胞们,不要忘了,当年是大家一起拿起武器战胜了西班牙殖民者而获得独立的。"我们脚踩着念珠,抬着白色的头颅,身上混杂着印第安人和克里奥约人的肤色,勇敢地迈向世界民族之林。""在墨西哥,一个神甫、三两个军官和一个女人站在印第安人的肩膀上竖起了共和国的旗帜。"在此之后,美洲土生白人掌权,深肤色的"贱民"被遗忘了。他们非但享受不到恩惠,更面临被灭绝的危机。一方面,政客们叫嚣着要大力引进欧洲移民以改良民族构成,另一方面,一些国家动用军队抢占原住民的地盘,要把"野蛮人"赶尽杀绝。19世纪盛行于西语美洲白人精英中的观念是"文明"与"野蛮"的二元对立观:美洲要获得进步,就要以欧洲的文明来驱散美洲的野蛮,不仅要征服美洲的野蛮荒野,也要改造乃至消灭荒野上的那些野蛮种族。针对这些"先进"观念,马蒂提出:"没有文明与野蛮的冲突,只有虚假的学识和自然之间的冲突。"他歌颂"自然的人",也就是土生土长于美洲的人,不管是黑人还是白人,是印第安人还是混血人。这些人有共同的历史和共同的未来。是这些人带领美洲走向崭新的明天,而不是美国人、欧洲人或忘了自己根在哪里的美洲人。他痛斥这些数典忘祖之辈:"这些木匠的儿子,以自己的父亲是木匠为耻!这些生在美洲的人,以抚养他们长大的母亲为耻,只因为他们的母亲穿着印第安人的围裙!这些无耻之徒还对自己病重的母亲不肯相认,把她孤零零撂在病床上!"

按照马蒂的观念,美洲人要团结起来,首先要认识自己和相互认识:一方面,确认和牢记殖民征服时代之前的历史,另一方面,忘却血统和肤色的差别,承认每一个人的尊严。他驳斥了种族主义:"种族仇恨是不存在的,因为并没有种族这个东西。"他进一步说:"心灵是平等的也是永恒的,发自不同形式、不同肤色的身体。鼓吹种族对立和仇视的人,犯的是反人类的罪。"马蒂的见识是高远的,同时又是接地气的。正如索飒所评:"马蒂的身上没有那种脱离人民、脱离实际的文化精英的弊病,也没有那种过分崇尚西方古典人文主义的迂腐气息。他的人道主义带有鲜明的被压迫者立场,带有生命力很强的美洲色彩。"

尽管在写作这篇文章时,马蒂的故土古巴岛还没有获得解放,他已经敏锐地看到,已获"解放"的那些西语美洲共和国,并没有获得真正的解放:"殖民地依然存活在共和国之中。"他在文中提出的,实质上是西语美洲的再次去殖民化的问题;他在观念上试图建构的,是西语美洲的本体论。"我们曾是一张面具,穿着英国短裤、巴黎马夹、美国大衣,戴着西班牙布帽。"这是他勾勒的西语美洲的形象,穿的用的都是舶来的,就连政法制度、治国理念也是舶来的。在他看来,西语美洲应当建立起符合自身特点的政府管理体制,这实质上已经是在质疑和反思发源于欧洲的启蒙现代性了——

那些用英语和法语写就的社会政治理想，真的是可以无差别地适用于所有地方所有民族的吗？马蒂写道："在美洲，一个好的执政者不是一个知道德国人或法国人如何管理自己国家的人，而是一个知道自己的国家是由哪些要素构成的人，他并且知道如何借着源自本国的方法和习俗全面引导这些要素，以达到理想的境界。"马蒂站在地方性的视角上发出了这样的洞见。他并且用自己的生命践行了他的政治理想。他的"美洲梦"启发了后续的拉美文化民族主义思想家，也成为拉美本土革命思想遗产的重要组成。

南美山林间的堂吉诃德

我们都是神枪手,每一颗子弹消灭一个敌人,

我们都是飞行军,哪怕那山高水又深。

…………

贺绿汀创作于抗日战争期间的《游击队歌》是中国人最耳熟能详的革命歌曲之一。它与诸如《铁道游击队》这样的老电影或是连环画一同塑造了游击队战士的威猛形象。在我们儿时的记忆里,游击队只出现在文艺作品中,被赋予了浓厚的传奇色彩。他们几乎个个是金刚不坏之身。他们是英雄好汉的典型,比梁山好汉还要牛逼。他们是黑白色的神话,让我们以为行军打仗是很好玩的事。而真正的游击队员会告诉你,真实的游击战哪有唱的演的那般轻松;能侥幸在枪林弹雨中全身而退,就已经是一个奇迹了。

切·格瓦拉在玻利维亚领导游击队战斗期间,保持着记日记的习惯,一直记到他被杀害的前两天。他留下的日记本

就成了我们得以了解真实游击战争的珍贵资料。尽管从字迹漫漶的原稿到西班牙文正本，经英译本再到中译本[1]，经过了不止一次的转译，我们还是可以清楚地看到那和平状态下的人难以切身体会的战斗生活。翻阅这本记录，一切游击队的浪漫神话都还原成了充满艰辛的现实斗争。游击队队员并非个个都是"一颗子弹消灭一个敌人"的神枪手，大多数人仅仅接受过最基本的射击训练，有时候连放八枪也打不中一个敌人，浪费了子弹还暴露了己方，真可谓是"猪一样的队友"。他们都是"飞行军"吗？事实上我们的英雄常常在日记里抱怨队伍行进速度太慢，不仅是因为山高水深的自然屏障的阻隔，更多时候是因为要照顾行动不便的伤员，或是因为要背负沉重的给养物资。在格瓦拉被俘前的那些时日，游击队就陷入了被政府军包围而又与外界失联的困境里，行动迟缓，举步维艰，哪有半点潇洒可言。

这是一支由多国战士组成的游击队。即便是对于队伍中的玻利维亚人而言，这个国家山区的自然条件之复杂，也远远超出了他们日常经验的范围。格瓦拉日记中提到的第一个敌人不是帝国主义，而是蚊虫：亚瓜蚊、赫亨蚊、马里基蚊、扁虱……它们所造成的伤害虽不足以致命，却也给健康和士气造成不小的麻烦。首先造成游击队减员的不是敌军，而是

---

[1] 切·格瓦拉，《玻利维亚日记》，郭昌晖译，上海译文出版社，2014年。

难以估测的自然环境，格瓦拉对这起溺水事故做了如此的评价："本哈明身体虚弱，天生的体质就与游击斗争的要求相去甚远，但是他具有争取胜利的坚强决心。这场考验远远超出了他的能力，因为他的体格和意志太不相配了。"这种看似"冷血"的笔调，读来亦有悲壮之感。在残酷的战争中，必须用理性来克服多愁善感，作为领导者尤其应当如此。没有心思去欣赏奇景，没有时间来咀嚼悲痛，唯一要做的就是向目标进发。

这是日记，不是小说，在记述日常生活的种种困难时，作者没有必要因考虑读者的阅读感受而省去一些重复的细节。我们或许会觉得，在他的战斗生活中，我们的英雄最关心的问题并不高尚，那是生存的最基本问题：吃喝。罐头食品早早就吃完，也鲜有"自有那敌人送上前"的好事，游击队可谓是调动人类一切智慧来寻觅食物。如果根据这本日记开出一张游击队日常食单，肯定会相当壮观。对于每一次能吃饱肚子的饭，作者一定会重重地记上一笔。吃喝问题会引发人际关系问题。有人会因为口渴难耐而哭鼻子，影响部队士气。有人会在夜间因为饥饿难耐违反纪律，偷开牛奶罐头和沙丁鱼罐头，不管是当场被人发现还是事后被人发现，免不了要起纠纷和猜忌。这个时候，做领导的格瓦拉就要出面解决问题，向大伙儿解释什么是敌我矛盾，什么是同志间的内部矛盾……这些人际纠纷往往同时还是国际纠纷，比如格瓦拉从古巴带来的几位老战友起初就不受玻利维亚人信任，格瓦拉还得站在革命的国际主义的立场上给大家做思想工作。在克服人与天、人与地、人与人的矛盾之外，他还得克服自己——他在日记中坦言，自己也有控制不住脾气的时候，会挥刀砍坐骑，而他一直到被俘前都在与哮喘病做顽强的抗争。他的意志力确乎超越了常人，光是能在辛劳奔波中坚持每天记日记，就足以让我们钦佩了。

倘若以这本日记为蓝本虚构一部长篇小说，或许可以第三人称来写，以格瓦拉为原型塑造一个意志坚定的游击队领导者的形象，抑或可以采取日记体的形式，像"伪纪录片"那样艺术地再现一群孤独的革命者战天斗地的史实。然而，切·格瓦拉的日记本身可以进入文学史的范畴吗？按照文学史家的一种观点，拉美文学史的开端就是一部日记：美洲"发现者"哥伦布的日记，其中混杂了这位航海家的旅途见闻和想象。美洲殖民进程中征服者和被征服者留下的纪实文字，不管是《新西班牙征服信史》，还是《战败者的目光》，都是拉美文学史考察的对象。有这样的肇始，在拉美文学中就形成了强有力的纪实文学的传统，史家的叙事、媒体人的叙事、小说家的叙事以及对事件的评论往往合于一处。比如加莱亚诺的作品就很能体现出这种特点，而诸如马尔克斯、略萨这样的文学大师都有新闻报道的从业经历，也可看作是这一传统的体现。许多拉美作家都承认这一点：他们所遭遇的日常现实往往比小说电影更精彩。一篇关于毒贩行踪的纪实报道,胜过一本虚构的侦探小说。把一起凶杀案的千头万绪理清楚了,差不多就等于完成了一部悬疑推理小说的构思。格瓦拉的记述是引人入胜的,因为他如同四百年前的西班牙征服者一样穿行在人迹罕至的南美山林里,遇见我们平日里闻所未闻的鸟兽草木,因为他以第一人称的视角带我们亲历以寡敌众的武装斗争,而这样的斗争看起来是离我们的日常生活相当遥远的。

玻利维亚的游击战离拉美文学史上的那个大"爆炸"并不遥远,甚至可以说是紧密相连的。20 世纪 60 年代是全球革命的年代,也是拉美新小说异军突起的年代。那批令西方文学界刮目相看的拉美青年小说家,几乎全体一致地支持古巴革命,展望一场从古巴蔓延到整个拉美大陆的革命解放运动。在意识形态方面,他们起先与几乎是单枪匹马地前往美洲腹地搞革命的切·格瓦拉是一致的。格瓦拉的玻利维亚日记从 1966 年 11 月记到 1967 年 10 月,其间马尔克斯《百年孤独》的首个版本正在以惊人的速度上架、热销、流传、加印……革命者的理想与作家的宏愿是相契合的:让"新人"出现,让这块殖民大陆上的苦难人民获得解放。在游击战争中的最艰难的时刻,队伍几乎是在节节败退,军心已有动摇,格瓦拉在日记中写道:"这场斗争为我们提供了一个脱胎换骨转变成革命者的机遇,而革命者是人类最高的一个层次,这场斗争也能使我们升华为一个完人;如果有人无法达到上述的任何一个境界,现在就应该坦言并离开这场斗争。"马尔克斯在马孔多故事的最后让那个不可救药的家族彻底消失,不正是在呼唤新人的出现吗?要结束奴役和愚昧,要为生活赋予新的意义,开创一个更好的新世界,作家是用文字,而革命者则是采取真枪实弹的行动了。

理想主义情怀与实干精神兼具,切·格瓦拉被很多人看成是一个现代的堂吉诃德,与甘地、特蕾莎修女这样的圣贤一同照亮这个越来越缺乏本真和激情的浑噩世界。人们在格瓦拉留下的文字中找到他与那个虚构的西班牙骑士相认同的证据,比如1965年,在辞去古巴政府的一切官职、准备踏上新的革命征程时,格瓦拉给父母去信说:"我的脚跟又一次感觉到了罗西南德的肋骨,我手持盾牌,重新上路。"罗西南德就是堂吉诃德的坐骑。与吉诃德一样,格瓦拉在征途中碰见的多是不肯合作的当地人,宏伟的理想处处碰壁。他在玻利维亚组织游击队,本是希冀着能以星星之火点燃整个高原,吸纳越来越多的当地贫农加入反抗政府军的斗争,然而游击队并没有如他所愿般发展壮大。尽管按照他的记述,游击队作风端正,鲜有欺侮百姓、抢掠平民的事故发生,他们还是很难取得当地人的信任。在他牺牲前两个月的一天,他记道,队伍"沿路穿过了一个居民区,人们一见我们就惊恐万状"。而在前一天的日记中,他提到给队伍带队的一个贫农，"他一家都患上了这一地区出了名的恐惧症"。当地人既怕政府军，也怕游击队，并不像革命者们当初设想的那样已到了被压迫得走投无路只有揭竿而起的地步。如何招募新兵成了格瓦拉生前最后的那几个月中最头疼的问题之一。吉诃德好发表长篇大论，格瓦拉也是出色的演说家，根据他的日记，他经常找个别队员谈心，在重大纪念日召集大家发表讲话，发挥精神领袖的作用。尽管没有音像记录，我们不能知道他当时具体说了些什么，在作为日记本附录的以"玻利维亚民族解放军"的名义发表的五篇公报中，我们还是可以想象出一个义愤填膺、慷慨陈词的革命斗士形象的。如果说堂吉诃德是滑稽可笑的，读来如观赏喜剧的话，那么格瓦拉的日记则如同英雄悲歌，记录了一次壮烈的行军、一场失败的征服。侠骨之中也有柔情。堂吉诃德的柔情是抽象的，凝聚在一个他想象出来的淑女形象——杜尔西内娅身上，格瓦拉的柔情则是赋予在具体的人身上的，虽则仅仅是点到而已：他会间或在某天日记的开头写上一个名字，或是某一个家人：父母、妻子，还有他的大大小小的子女，或是某一位亲密战友，表示这一天是他或她的生日。对远在古巴和阿根廷的家人，他会因疏于照顾而内疚吗？我们无从知晓。

总体上看，与他的另一本广为人知的《摩托日记》相比，《玻利维亚日记》展示的是一个更为成熟、更为谨慎也更为冷峻的切·格瓦拉。当年率性不羁的毛头小伙，已经成长为有勇有谋的老男人。这是在打仗,不是在旅行,不再有摩托车上的狂野与浪漫。偶尔也来点幽默。比如在记录一起军需物资不翼而飞的事故时,他写道:"牛奶本身易腐,现在也成了一种诱人腐败的东西。"不是每位队员都能像他这样严于律己,话语中透着一丝无奈。再比如难得的一次大吃大喝后的次日,"一整天大家轮番不停地都在打嗝、放屁、呕吐和腹泻——汇成了一场名副其实的众多器官联合演奏会。"读来并不觉得有多么好笑,令人感动的是这种苦中作乐的气质。

斗争越是艰苦,越是严酷,就越需要这样的调剂,需要战斗者面对恶劣条件时的想象力。以这样的想象力开一开玩笑,编一编神话,来为战斗到底的意志做支撑。我曾听祖辈中的一位老军医说起,战争年代里,天天吃的小米饭实在是难以下咽的,只当它是"蛋炒饭";稻草铺地哪能睡舒坦,只当盖的是"黄金被"。这种吉诃德式的想象,用一个比较老套的词说,叫作"革命乐观主义"。因此,我们不必苛责《游击队歌》违背现实,毕竟这是文艺作品,光是其鼓点紧密的旋律就足以提供"正能量"了,而游击队员们在缺衣少食的状态下,面对实力远超自己的敌人,的确需要这样的神话来鼓舞自己。切·格瓦拉本人也成了一个神话,这个神话与理想、高贵、公平正义相关,只要还有人在努力追求这些东西,格瓦拉的形象就仍能发挥榜样的力量,而这位传奇人物亲笔写下的文字,也与关于他的想象一道构成了这个神话。

蒙得维的亚爱情故事

《40与20》是我最喜欢听的西班牙语歌曲之一,曲调是缓慢展开的,透着点忧伤的意味,歌词内容若是放在十几年前的中国,一定会被认为是不健康的:40与20,一个40岁男人和一个20岁女孩之间的爱情。且不论生理上和道德上的对错,歌词本身是优美的:"我是你生命里的秋日,/而你是甜美的春天,/他们不知道我内心里藏着一个盛夏,/当我凝视你时,它会把你点燃。"

乌拉圭已故著名作家马里奥·贝内德蒂写于1959年的小说《休战》讲述的就是一个老男人和一个妙龄女郎间的爱情故事。在文学史上,它没有被列入伟大的拉美文学"爆炸"经典之列,连"爆炸"的先声也算不上,但它无疑是西语世界被读得最多的现代小说之一,不仅多次再版,还先后在阿根廷和墨西哥被翻拍成电影,前者曾获奥斯卡最佳外语片奖提名。要读懂这个故事并不难,无须了解什么拉美的"魔幻",也无须结合太多的历史背景,它就是一个发生在现代都市的爱情故事，男主角和女主角不是男神女神，只是两颗真诚的心灵。

小说是以日记的方式叙述的，从2月11日记到次年的2月28日，中间有四个月时间的空白。记日记的人叫马丁·桑多美，一个49岁的老男人，在乌拉圭首都蒙得维的亚的一家贸易公司担任部门主管，即将退休。他的人生说起来并不容易：20年前丧妻后就一直未娶，在公司里勤勉工作，把两个儿子一个女儿拉扯大。对于眼下的生活，他既不喜欢，也不十分地厌恶，他已经习惯了。"今天是幸福的一天，例行公事而已。"寻常一天的工作忙完后，他这样记道。只要没有突发事件，没有额外的任务，就足够有理由感到幸福了。丧妻之痛早已成模糊的记忆："二十年前，伊莎贝尔过世，我的情感的机械系统就从那时起停止运作了。一开始是痛苦，然后是淡漠，再往后是自由，最后是无聊。漫长的、荒凉的、不变的无聊。"在这20年鳏夫生涯里，他也接触女人，与数不清的女人睡过觉，只有性，没有爱。那些频繁更换的性伴侣不会在他的生命中留下痕迹："做爱之后，重要的是各自走开，回到各自的床上，彼此永远不再相认。"这样的生活方式就是他所谓的"自由"吗？或许，恰恰相反，他成了自身生理需要的奴隶，只是机械地听任性欲和偶然的摆布，一如他被囚禁在办公室工作的樊笼里，按部就班地消磨时光。"你做爱的时候总是一副办公室职员的表情。"他记得

马里奥·贝内德蒂（Mario Benedetti，1920—2009）

某个在他的生命中飘过的女子这样对他说过。新鲜刺激的体验重复得太多，也就成为惯例了。于是，流年似水，"自由"化成了"无聊"，马丁·桑多美在年近 50 的时候，开始为如何早几个月退休动心思，而退休之后怎么生活，他毫无想法。"你知道你怎么了吗？你哪儿也不去。"他在日记中记下了街头偶遇的一个醉汉对他说的这番话。这番话有没有在他一潭死水般的心中激起些什么来呢？

正如在《不能承受的生命之轻》中，托马斯邂逅了特蕾莎从而找到了生命之"重"一样，马丁·桑多美在劳拉·阿薇娅内达身上重新找到了生活的意义。在他的日记中，这个 24 岁的姑娘首先是以他所辖部门的新入职员工的身份出现的。他对她的好感与日俱增，直到有一天当面向她打开了情感的闸门。阿薇娅内达告诉他说,她知道他爱上自己了,她也暗暗喜欢他。尽管有年龄和身份的巨大差别,两情相悦,无人可以阻挡,两人坠入了爱河。

日记体的文字将桑多美做爱情表白前后的内心斗争坦露无遗。他犹豫、怀疑、担忧、焦虑……他咀嚼她对他说的每一句话、每一个用词,猜想她的心思。如果说这是一种煎熬的话,这种体验不正是真爱所特有的吗?有重量的感情总是让人痛苦的,与此痛苦相随的是巨大的、透彻的欢乐。男女双方都在认真对待这一份感情,认真得简直过于理性。他们都明白,这份感情或许要遭受世俗伦理的阻挠。他们也明白,十年之后,他就不能像现在这么有力地抱紧她了。为了好好爱,为了稳固的感情,需要一个计划,而这个计划就是:不要计划。享受当下,搁置未来。他在日记中记道:"那制定出来的计划就是:绝对自由。让我们好好认识彼此,看看接下来会怎样,让时间流过,然后再检验。没有障碍。没有约定。她实在是太美妙了。"

"爱情是反社会的。"帕斯曾这样说过。社会制度、习俗、舆论、人际关系,凡此种种,编织了一张巨大的网,对每一个美好爱情进行审查和干预。婚姻将爱情变为一个机械的程序,使之被纳入到一个由谎言和暴力所支撑的庞大体系里,自由相爱的男女到头来都成了囚徒:上班时是办公室的囚徒,下班后则是家的囚徒。

有文学评论指出，1959年也就是写完《休战》的这一年，在贝内德蒂的文学创作生涯中是一个重要的节点，因为正是在这一年，古巴革命胜利，震撼了整个拉丁美洲的知识分子。自此，贝内德蒂的文学创作越来越带有政治"授命"的色彩，体现出作家对社会问题和政治命运的深切关怀。特别是在1973年乌拉圭发生军事政变、作家被迫流亡之后，他的左翼政治立场和社会责任感在作品中得到更明显的体现。《休战》这部小说还读不出社会革命的意味，但已经隐含了一些对社会现状的批判了。

如果说在同时代的欧洲，最能代表时代精神的文学是加缪的小说、萨特的散文，或者是荒诞派戏剧，它们传达了经历巨大劫难后的人类所遭遇的深刻精神危机，那么在南大西洋西岸一隅的乌拉圭，在那座叫作蒙得维的亚的海滨都城，那里的人们则生活在另一种时态里。与尚在缓慢治愈战争创伤的欧洲人相比，蒙得维的亚人是幸福的。他们没有忍饥挨饿之虞，每天上班前下班后都可以在街边喝上醇香的咖啡，他们还享有比其他大多数拉美国家都更为稳定的民主选举制度……当然，他们也有烦恼，这是现代生活必然产生的烦恼。贝内德蒂在这段时期里创作了一系列反映蒙得维的亚中产阶级生活的作品，把他自己人生经历中对办公室的憎恶、对官僚系统的厌烦表现在虚构人物的行动与言语之中。他以这种温和的方式表达他对那看似幸福的现实的反抗。乌拉圭人引以自豪的"自由",或许在他看来是虚伪的、危机四伏的。正如韦伯在20世纪初的欧洲所看到的那样,在表面繁荣的社会里,"专家没有灵魂,纵欲者没有心肝"。当公共话语不断营造人类取得了前所未有的发展的幻觉时,每一个个体都被囚禁在现代经济秩序的"铁笼"中。人的心灵被压抑、被控制,每个人都不得不戴上面具生活。然而很多时候,面具阻挡不了心灵的交流。在办公室里,上下级身份是桑多美和阿薇娅内达各自的面具,他们尽可以扮演好各自的角色;办公室外,他们就还原成了人,成了两个以最纯朴最简洁的方式追求爱的幸福的人。恢复个人的尊严与自由,就是在反抗那把人不当人、把人仅仅当成"人力资源"的办公室体制。桑多美在日记中记下了一位公司高管的话:"某些商界人士犯下的严重错误就在于,他们把他们的员工当成人来看。"要是放在厚黑学、成功学的书中,这句话或许是一则励志真理呢。

从表白、牵手到同居,桑多美和阿薇娅内达的爱情一路顺畅。令桑多美额外惊喜的是,他的女儿不仅没有对这段恋情横加阻挠,反而表现出理解和支持。"但愿你过得好,不是表面上的好,而是真心好。但愿你能感到自己在保护她同时自己也受保护,这是人可以拥有的最美好的感觉之一。"女儿这么祝福他。老男人在这场来得太晚的恋爱中容光焕发,与子女间原本僵硬的关系渐渐融洽,他甚至在这人生的第二春之中最为真切地忆起了早年逝去的妻子,重温真爱的味道,从而更加珍惜眼前的这个娇小女子。

这场年龄跨度巨大的恋情迟早会面临各种问题,读者或许能猜测出种种,而作者则让马丁·桑多美的幸福记录在9月23日那天戛然而止。那一天的日记,是连续七个"我的上帝啊"。接下来的日记则是次年1月17日的了。9月23日那天,桑多美还沉浸在对美好未来的遐想里,以为阿薇娅内达这几天来的沉默预示着好事的发生。几天前阿薇娅内达受了凉,请假回家休息,却再也没有回到办公室。流感的侵袭夺去了她的年轻生命。

原本是一个带着点轻喜剧色彩的爱情故事,却落下一个沉重的结局,正如堂吉诃德在临终之际的幡然醒悟,原来人生如梦,不管之前有多大的欢欣、多美的幻想,最后还得面对人生的残酷本质。中国人常说五十而知天命。在年届五十之际,经历了又一起痛失爱人的悲剧,马丁·桑多美觉得自己想明白了上帝的安排:上帝给他安排了一个灰暗的命运,让他在退休前享受了一次"休战",这不是幸福,只是暂离无尽烦恼的"休战"而已。他终于等来了苦等不来的休闲时光,可是,他将何去何从呢?悲怆的结局令我们唏嘘不已,也让我们记住了这个经典的蒙得维的亚爱情故事。

被马尔克斯扒去衣服的玻利瓦尔

正如《百年孤独》那广为传诵的第一句话一样,马尔克斯发表于1989年的作品《迷宫中的将军》[1]也有一个不寻常的开篇。伟大的自由斗士、拉丁美洲独立英雄、为建立一个横跨南北美洲的大国而耗尽心血的西蒙·玻利瓦尔,是以一丝不挂的形象首次展现在读者面前的:"伺候他最久的仆人何塞·帕拉西奥斯见他光着身子、睁着眼睛泡在浴缸的草药水里,以为他已经淹死了。"诚然,光着身子泡在浴缸里的形象也可以表现崇高,比如法国画家大卫的名作《马拉之死》,但在马尔克斯的笔下,浴缸里的玻利瓦尔并不像马拉那样线条刚劲、如沐圣光,而是一派衰样:"躺在水里那副瘫软沉迷的神态简直不像个活人。"画中的马拉已经死了,死使他更为崇高;小说开头的玻利瓦尔只是一副死样:似是死了,还没有死。"我已经不存在了。"在后文中,玻利瓦尔对希望他

---

[1] 加西亚·马尔克斯,《迷宫中的将军》,王永年译,南海出版公司,2014年。

重返权力宝座的手下这么说。这句话也许是作家的虚构,其中有多少悲凉意味,自由读者去想象——对于这篇小说的核心人物,作者始终不吐露他的心迹,只以动作、神情、外在环境和极简练的对话让我们去琢磨这位英雄的想法,正如他的贴身仆人何塞·帕拉西奥斯一再说的:"将军的心思只有将军自己知道。"

马尔克斯在这篇小说中想象了玻利瓦尔人生中的最后一段旅程——沿着马格达莱纳河一路向北,通往加勒比海的港口,也是通往死亡的旅程。"我们的生命是河流,/最终会流向大海,/大海就是死亡。"西班牙中世纪诗人豪尔赫·曼里克的名句在西语文学传统中构建了由川入海——从生到死的联想。当玻利瓦尔踏上开往加勒比海海岸的航船、意欲飘洋过海在欧洲度过余生的时候,其悲剧的结尾已经能猜到了。在接下来的旅途中,将军的健康每况愈下,与之伴随的是大哥伦比亚共和国政局的风云变幻,以及对将军的往事尤其是风流韵事的回忆。按照马尔克斯自己的讲法,玻利瓦尔的这次旅行是他一生中文献记载最少的部分,只留下三四封信,没有随行人员做过记录,也没有关于此行的回忆录,"正因为如此,我可以不受约束地大胆想象。这太妙了!我可以杜撰一切。"历史记录的空白给小说家提供了绝佳的想象空间,尽管马尔克斯又说,为了写作此书,他翻阅了大量的文献资料,求证了一干历史学家,以免犯历史常识的错误。迷宫中的这位将军是玻利瓦尔,又不是玻利瓦尔。熟悉马尔克斯作品谱系的读者可能会觉得,这个孤独而疲惫的老将军或多或少有作者已经成功塑造过的虚构人物的影子:或是《百年孤独》里那个经历了数不清的大小战役、睡过了数不清的女人却不爱任何一个人的奥雷里亚诺上校,或是《上校无人来信》中那个在绝望无聊中孤独等待的退伍上校。本来没有的人物,任你怎么虚构他都不要紧;真实存在过的人物,而且是威名和荣耀几乎不可动摇的人物,杜撰他的经历就有受指责的危险了,更何况是在故事开头就扒下了他的衣服。

因为与其他的拉丁美洲独立战争英雄一样,玻利瓦尔的形象已经被官方历史死死设定了。他是基座牢靠的青铜雕像,是印在纸钞上的僵硬肖像,身着帅服,挂满勋章,不容诋毁和杜撰。用加莱亚诺的话说,独立英雄已经成了拉丁美洲"被劫持的记忆"的一部分,以僵死、沉默的形象与统治者一道维持那压制自由的秩序。作家则以文学的想象让这些故去的人恢复生命和自由,从而促使今天的人更为积极也更为清醒地思考当下与未来。迷宫中的将军虽是垂垂老矣的衰样,却以这种形象反抗了官方叙事中的高大光辉的形象,反而更为可信也更为可亲——无论如何,这是一个有血有肉的玻利瓦尔,虽然我们不能明确地知道他的心里在想什么,但通过大师的手笔,我们或可感到他的灵魂在说话。

这部小说告诉我们,玻利瓦尔在生前就已经被冻结为一尊雕像了。当他离开权力中心圣菲波哥大，朝着大海的方向渐行渐远时，他已经被盖棺论定为"解放者"了，一切有悖于这一荣誉的言行都将被过滤掉。当将军的副官把将军的一次有趣的谈话告诉一个编年史作家时，这位记史者认为不值一记，因为将军已经盖棺论定了。"凡是见到将军最后一次旅行的人基本上都有这种看法。也许正因为如此，谁都没有留下文字记载。"在此，作家似是在为自己的虚构开具合法证明。很多时候，书中的这个虚构的玻利瓦尔像是在反抗官方记忆中的玻利瓦尔，或是简单粗暴地征服一个姑娘，或是骂一句与他的身份不相称的粗话，都是在否定那个圣徒式的玻利瓦尔。在马格达莱纳河的河面上，看到一艘漆着"解放者号"的汽船，将军自言自语道："想想看，那就是我！""解放者"的光荣称号成了暮年玻利瓦尔的枷锁。他抛弃了最高权力，不想步拿破仑后尘做独裁君主，然而现实又逼迫他一次次重新介入政治，以个人威望维护这个行将四分五裂的共和国。他不是玻利瓦尔主义者，却成为玻利瓦尔主义者们在军事政治斗争中屡屡祭出的法宝。他无意玩弄权力，却被权力所玩弄，沦陷在政治的迷宫中，也沦陷在这片注定将纷争不断的土地上，再也不能到达大海的另一边了。马尔克斯或许认为自己有权让将军说出他没有被允许留传下来的话，以这种方式还原玻利瓦尔，展现那远比历史记载更为多样、矛盾和复杂的个人内心世界。

我曾听一位古典文学学者讲他怎么研究王安石。他说，就像做侦探一样，不仅要尽可能多地掌握文献资料，还要尽力在想象中还原被研究者生活的时代和空间，有一度他甚至天天去南京的王安石故居周围徘徊，以便展开脑中的跨时空之旅。研究者是人，被研究者也曾是鲜活的人，要深入地理解他，需要将自己的生活与他的生活相接通。马尔克斯在尝试接近暮年玻利瓦尔的内心世界时，便也将自己的人生与玻利瓦尔的人生接应起来。带着玻利瓦尔漂向人生终点的马格达莱纳河，是马尔克斯自幼就熟悉的河流，他是沿着与玻利瓦尔之行相反的方向，从他出生的加勒比海岸前往首都圣菲波哥大的，沿途所见景物的印象和记忆也就部分地化成了玻利瓦尔的旅行经历。玻利瓦尔也出生在加勒比海岸地区，这一信息有时也成为马尔克斯在浩如烟海的史料中的航行指南，他会凭自己的生活经验做出判断和选择——比如玻利瓦尔的裸体问题。据马尔克斯说，他在一位英国外交官的文字材料中读到，当外交官来到总统府时，他看到"玻利瓦尔赤条条地坐在吊床上，用脚掌打着拍子，用口哨吹着共和国进行曲"，正是在这一刻，马尔克斯觉得他看到了真实的玻利瓦尔："这就是玻利瓦尔，他赤条条地坐在吊床上，不停地摇晃着。我们住在海边的人都是这样。但是这种奇闻轶事是为历史学家所摒弃的。"于是，在小说的开头，玻利瓦尔就以裸体形象出现了。

光着身子的形象无损于理想的光辉，玻利瓦尔的理想至今还激荡着拉美政治思潮。他未实现的愿望是，如小说中所言："创立一个疆土从墨西哥延伸到智利合恩角的世界上最大的自由统一国家。"从欧洲学来的启蒙思想，成了他建立乌托邦的行动指南，小说中记到，他年轻时"参加了共济会，高声背诵《爱弥儿》和《新爱洛伊丝》中他喜爱的篇章，把卢梭的这两本书长期搁在床头"。这或许不是马尔克斯的杜撰。西班牙哲学家乌纳穆诺曾在他的一篇题为《堂吉诃德与玻利瓦尔》的文中写到，卢梭著作之于玻利瓦尔，正如骑士小说之于堂吉诃德。不知马尔克斯是否读过这篇文章，他笔下的玻利瓦尔确实也有点堂吉诃德的影子，无论是在偶尔精神一振的时候，还是在奄奄一息的时候。在马尔克斯笔下瘦得皮包骨头却仍强打精神的暮年玻利瓦尔，不正是活脱脱一个塞万提斯的"愁容骑士"吗？或许，吉诃德精神是内化在玻利瓦尔这个美洲西班牙人的灵魂里的。乌纳穆诺就把玻利瓦尔视为一个纯粹的西班牙人，一个堂吉诃德。他写道："解放者最后的岁月难道不是充满了愁思的吗？他似是在重复堂吉诃德说过的那句话：'我不知道我千辛万苦打下来的究竟是什么。'这充满悲情和沮丧的最终时刻，是所有真正的伟人所共有的。此时他感到自己是空忙活了一场，对这些他依仗利剑和信仰从西班牙手中分出去的新国家的前途毫无信心。"这就是一个被启蒙思想照亮的堂吉诃德——玻利瓦尔的悲剧,也是拉丁美洲的悲剧。在小说的最后,将军在临终前的清明状态中口授了自己的教训和关于美洲的预言:"美洲难以治理,干革命的人徒劳无功,这片土地必然会落到一群不知节制的人手里,之后又被形形色色但又没有区别的暴君所控制。"这是小说的文字,大体上也是拉丁美洲两百年来的真实历史。马尔克斯在想象历史也在指涉现实。玻利瓦尔眼睁睁地看着他亲手缔造的共和国分崩离析,带着无限遗憾离开人世。大哥伦比亚裂变成了哥伦比亚、委内瑞拉和厄瓜多尔,后来又从哥伦比亚分出了巴拿马,而哥伦比亚的内战到今天还没打完。直到马尔克斯也离开人世,这个国家内部的武装冲突还没有完全结束。《迷宫中的将军》终究是触及了令人沉重的现实主题。

从这个意义上说,这本书的前一个中文版的题目就显得有些轻佻了——1990年,南海出版公司曾以相当迅疾的速度推出了该书的中文译本,取名为《将军和他的情妇——迷宫中的将军》,封面上印着大大的红心,红心下面是一张具有挑逗意味的吊床,引人无限遐想。如此包装的小说首先吸引你的可能是玻利瓦尔的浪漫情事,小说开头前的介绍就告诉你,将军有35位情妇……小说中出现的那些各有特色的女子,有的在历史上确有其人,有的则是马尔克斯的虚构。他是想刻画将军的"博爱"一面吗?恰恰相反。迷宫中的将军尽管床上功夫了得,也很会哄女人开心,却不会留恋任何一个情人。或许他爱过一个人,唯一的一个,把对她的爱深深埋葬在心灵的最深处,那就是他早早失去的妻子。19岁结婚,20岁即成鳏夫,丧妻的绝望与酝酿解放美洲、统一美洲的宏伟政治理想之间是否有微妙的联系,只待后人去想象了。乌纳穆诺说,玻利瓦尔的娇妻就是这位美洲堂吉诃德的杜尔西内娅。

任何一部历史小说都难免被严谨的历史学家挑出错误。尊重史实当然是应该的,但过于严谨就无趣了,毕竟文学不能等同于历史。作家一方面要感谢历史学家的记录和考证工作,一方面又尝试着逗一逗历史学家。历史小说似是要做到史实叙述的天衣无缝,然而有时候正是那编织中有意无意露出的一条缝,是让人觉得有意思的地方。马尔克斯在后记中说,他在朋友的帮助下纠正了小说中的几处历史错误:一个尚未出生就赢得战役的军人;一个同已故丈夫一起去欧洲的遗孀;玻利瓦尔同苏克雷在波哥大共进的一次午餐,而实际上他们当时一个在加拉加斯,另一个在基多。他觉得这后两处不改正也无妨。读到这里,我们仿佛可以看到这位讲故事的大师露出了一丝狡黠的微笑。